齐鲁工业大学（山东省科学院）2017年人文社科校级规划项

U0615829

经济管理学术文库·管理类

新媒体环境下高校图书馆
嵌入式学科服务研究

Research on Embedded Subject Service of University Library under the New Media Environment

谢 静/著

经济管理出版社
ECONOMY & MANAGEMENT PUBLISHING HOUSE

图书在版编目（CIP）数据

新媒体环境下高校图书馆嵌入式学科服务研究 / 谢静著．—北京：经济管理
出版社，2019.6
ISBN 978-7-5096-6678-4

Ⅰ.①新… Ⅱ.①谢… Ⅲ.①院校图书馆—图书馆服务—研究 Ⅳ.①G258.6

中国版本图书馆 CIP 数据核字（2019）第 115533 号

组稿编辑：杨国强
责任编辑：杨国强　　张瑞军
责任印制：黄章平
责任校对：董杉珊

出版发行：经济管理出版社
　　　　　（北京市海淀区北蜂窝 8 号中雅大厦 A 座 11 层　　100038）
网　　址：www.E-mp.com.cn
电　　话：(010) 51915602
印　　刷：三河市延风印装有限公司
经　　销：新华书店
开　　本：710mm×1000mm/16
印　　张：14
字　　数：229 千字
版　　次：2019 年 8 月第 1 版　　2019 年 8 月第 1 次印刷
书　　号：ISBN 978-7-5096-6678-4
定　　价：68.00 元

|目 录|

第一章　新媒体环境下高校图书馆知识生态系统服务机理

第一节　新媒体

一、全面认识新媒体

（一）"新媒体"的概念与起源

媒体（Media）是媒介一词衍生出来的，来源于拉丁语"Medius"，意思是使双方发生关系的两者之间的人或事物。媒体的外延和内涵比媒介小，它专指人用来传播信息的介质，通过具体的工具、载体和技术手段传播信息。报纸、杂志、广播、电视并称"四大旧媒体"传播工具。"新媒体"是相对传统意义上的报纸、杂志、广播、电视等媒体的统称。随着互联网技术的发展，尤其是数字媒体出现以后，"新媒体"的外延越来越广泛，早已超出了传统意义上"媒体"的概念。科学技术发展到今天，计算机技术、数字技术、网络技术、移动技术以及相关产品已充斥我们生活的方方面面，"虚拟的世界，虚拟的人生"已成为许多人生活的一部分，这些向用户提供服务的媒介都可以称为"新媒体"。

"新媒体"这一概念可追溯到 20 世纪中后期。第一个提出新媒体（New Media）这个词语的是彼得·卡尔·戈德马克（P. Goldmark），1967 年在他的一份商品开发计划书中率先提出这一词语，内容是关于开发电子录像（EVR）商品，他在该计划书中将"电子录像"称作"New Media"（新媒体），由此诞生"新媒体"的概念。这份计划书以及推动娱乐产业化发展的

"新媒体"（New Medium）被美国业界认为是具有现代意义的新媒体和新媒体产业。1969 年，E. 罗斯托（美国总统传播政策特别委员会主席）在一份官方报告中也多处使用这一词语。"新媒体"一词正式登上历史舞台，在美国被广泛流传。20 世纪 70 年代末至 80 年代，学术界、科技界、新闻界经常讨论有关"新媒体"的话题，对"新媒体"概念的外延和内涵产生了不同的理解及认识。"所有人对所有人的传播"被认为是当时最贴切的说法，这是美国《连线》杂志对新媒体的解读，但这也并非是"新媒体"的最终定义，我们应当用发展的眼光看待这一事物。随着科技的发展进步，"新媒体"这一词汇的概念还会发生变化，外延也会越来越广泛。

"新媒体"这一新名词的概念不会是一成不变的，是会发展变化的。早期外国学者、联合国教科文组织都没有给出完美的定义，都没有被广泛认可，因为他们给出的定义太过简单，没有全面表述出"新媒体"这一科技发展产物的真正含义所在。像"新媒体就是网络媒体""新媒体就是数字媒体"等说法都过于简单，不能称之为定义，只是词汇的转换。"以数字技术为基础，以网络为载体进行信息传播的媒介""借助利用数字二进制代码进行信息的存储、传递和交换"是时间段的总结，有着以偏概全的嫌疑，不具有定义的说服力。其他的一些说法基本上大同小异，甚至是直白的描述，都不能称之为定义。

进入 21 世纪后，随着多媒体技术的发展进步，我们国家学术界一些专家学者在总结国外学者给出定义的基础上，根据近些年"新媒体"的发展变化，力图从新媒体的传播对象、方式、形式上给出全面的新定义，其实"新媒体"仍处在发展阶段，暂时还没有发展到成熟期。随着科技的进步，计算机技术、互联网、云计算技术、网络信息和网络共享平台技术的发展，多媒体技术和手段层出不穷，新媒体的内涵和外延也随之发生了新的变化。因此，新媒体的定义也必将随之发生了变化，还没有到盖棺定论的时候。所以国内不同的专家、学者对"新媒体"的定义各不相同，众说纷纭、各有特点。业界也没有形成统一的说法，主要是以熊澄宇、景东、匡文波等为代表的几种主要观点。一种是逆推法，认为"新媒体"是可以随时随地向所有人相互传递数字信息的媒介；或者说是凭借计算机等设备传播信息的载体。一种汇总说法认为是利用现代科技进行信息传播的媒介总和，也就是数字媒体和网络媒体的总和，不但具有传统媒体的所有功能，还兼容一些新功能，突破了传统媒体的时间限制和空间限制，用户可以随时随地交互信息，用户既可以是消费者，也可以是生产者。

用历史的眼光看问题，用发展的理论看事物，综合上述相关文献和专家学说，结合多媒体技术的发展和应用，本书认为，现阶段"新媒体"是相对传统媒体而言的，它是指凭借一切现代科学技术，包括计算机技术、数字技术、网络技术、移动技术、云计算技术等，广泛利用现有的手段和渠道，借助移动网络、无线电波、卫星通信、互联网等已有成熟的传播途径，以手机、平板电脑等移动终端和电视、电脑等电子产品为客户终端，为客户提供视频、音频等交互式信息和数字信息数据，通过提供信息服务和平台获取经济利益的一种传播形式。

新媒体相对于旧媒体来说是一场颠覆性的"革命"，不论从传播内容上，还是传播介质及方式上，都与"旧媒体"区别开来，新媒体不但能传播文字，也可以传播声音和图像，不但能通过已有的、固定的流媒体方式（如卫星通信、局域网、互联网等）进行线性传播，也能通过可移动的介质存储、读取方式（如 U 盘、移动硬盘、录像带等）进行非线性传播。传统的、以物理形态对固有的媒介所进行的分类和定义已经无法正确定义新媒体了，它的外延和内涵已经发生了很大的变化。"新媒体"之所以"新"，是有着和"旧媒体"不一样的特征：它可以承载旧媒体能承载的所有形式，有着"旧媒体"无法比拟的先进性，如文字、图形等过去都是固定在一定的介质上的，修改和编辑都需要更换新的介质，"新媒体"借助于电脑等工具可以随时、重复地在同一介质上改动；视频、音频等不但编辑更加方便，传输也可以做到同质同步。这一革命性的改变让媒体与受众产生了互动，用户既是接收者，也可以是传播者。人们生活在人人都是"主人翁"的新媒体生态中。

新媒体代表着旺盛的生命力和强大的活力，新技术运用必然是革命性的，必将引领和推动媒体产业进行结构性调整，新媒体的新产业结构必将推动与之相关的所有产业结构调整的步伐。在新媒体产业的冲击下，一些传统的媒体行业将逐步衰微，甚至是淘汰、消失，一些能够进行自我变革适应市场需求的媒体行业将继续保持活力。

新媒体的出现，不但是对传统媒体的颠覆，也颠覆了我们的一些生活理念，空间和距离变得不再是信息传播的障碍，人们越来越依赖新媒体。新媒体改变了我们的生活方式，催生了新的经济形态，带动了一批新兴产业。新媒体的出现，促使人们不得不对新闻学与传播学进行新的定义和诠释，促使职业教育进行重新思考，促进了新媒体、新行业的理论研究。

（二）新媒体的本质

传统媒体是借助于物理介质为载体传播信息的方式，这种方式、技术和投入决定了不是人人都可以做到的，而新媒体恰恰是最具生命力的，是人人都可以参与，人人都可以是传播者，这是最根本所在，而其他的特性如数字化、个性化、全时性、开放性、分众性等都是技术手段带来的，像信息的海量性、全球性、共享性、融合性等网络特性，所以说新媒体区别于旧媒体的是，载体不同、传播方式不同和传播主体不同。新媒体是不需要借助固定的物理介质，传播的内容是虚拟的数字化信息；信息的传播突破了时空限制，可以随时随地传播、接收；传播主体不固定，传播者和消费者之间界限已经不在了，两者之间的身份可以互换，信息事项交互传播。

新媒体的本质主要体现在以下几个方面：

1. 新的技术

新技术是媒体发展和进步的基础及根本所在，每一次新技术的应用都会引发一场旧技术领域的革命，新技术的发明及其应用逐渐发展成为新的领域，开发出一些新手段，出现一些新理念，创造出一些新效果。技术是前进的推进器，媒体被巨大的推进器携带着前行，造纸术与印刷术的发明，使报纸的出现成为必然；无线电技术的出现、无线电波的应用，使广播作为传播手段成为必然；微电波、卫星传播技术的发现与发展，使电视取代了广播；网络技术和移动技术的出现，电视传播之王的地位被取代了，当下流行的支付宝、微信、QQ 等各种平台的应用，没有新媒体技术的支撑根本难以实现。

在新的技术时代，人们对科技带来的新产品、新技术的要求越来越多，越来越广泛，现如今人们对网络的依赖已无可替代，对网络技术的发展与对技术的期望越来越高、永无止境。

2. 新的手段

报纸、杂志、广播、电视四大"旧媒体"均经历了产生、发展、壮大的过程，它们的发展过程是用户群扩大、接受的过程，是其逐渐在社会上树立权威化、中心化的过程，也是传播手段固化的过程，一旦形成其固有的和程序化的东西，也就失去了创新的想法与动力。新媒体能够与旧媒体分庭抗争，它的优势体现在一个"新"字上，新生事物吸引人们的地方是新手段，它满足了人们的好奇心理，也是因为使用新技术更容易被年轻人所接受。

理论界对新媒体的认知也是一个逐步发展的过程，新的科技迅速发展，使传播手段发生日新月异的变化。最早的论述观点只是感官上的描述，还没有认识到事物的本质，认为信息传播变成了视觉文化，取代了印刷文化，而随着科技进步、新产品的不断开发和应用，新的理论应运而生，人们开始认识到这是一场革命，不只是视觉文化取代印刷文化这么简单，它是信息传播方式的革命。媒体报道不再是记者采访报道、编辑采编、印刷发行这种传统的模式，记者的无冕之王被取代了，人人都是记者、人人都是编辑、人人都可以发布信息；虽然记者和编辑作为一种职业还存在，并且依然发挥着重要作用，但网络上充斥的大量信息已经不是职业记者发布的了，就像报纸、期刊依然存在一样，旧媒体依然有着存在的道理，依然有着存在的空间、存在的必要。但新媒体取代旧媒体是必然的趋势，是历史潮流和社会发展的必然结果。这就是新媒体的魅力所在，它让用户参与进来，一方面让参与者体会到"主人翁"的感觉，更加努力地参与并维护新媒体；另一方面可以吸引更多的用户参与到新媒体中，增加了新媒体的市场占有率，带来新一轮的科技投入。

3. 新的观念

观念是人们对事物的主观与客观认识在实践当中形成的带有概念性的集合体。它是人们在生产生活中慢慢形成的，是实践到理论的过程，观念一经形成就会固化，轻易不会改变。反之，观念会影响人们的日常判断和行为，是理论指导实践的过程，在这个过程中很难改变观念，只有革命性的或革新性的冲击才会改变一个人的观念。新观念产生新的手段，打破、更新旧的媒体传播理念，也打破了固有的思维定式。

事物的发展规律一般是产生、发展、壮大、完善，发展到顶峰会形成固有的、成熟的定式，没有了创新与开拓；然后慢慢发展到僵化、死板。此时需要一种全新的、针对性的新事物产生，以取代旧的事物。新媒体作为新生事物从无到有不是凭空产生的，它是科技进步的产物，网络技术和移动技术发展到一定阶段，人们有了新的交流手段，有了展现个人价值的平台，就探索打破旧的模式和限制，而一旦形成了一定的基础和市场，有了实践的经验，就会作用于理论，这就是打破旧观念的过程，于是新的观念在探索中慢慢诞生。

4. 新的效果

新媒体作为新生事物能否成功，是否会达到理想的效果是关系新媒体发展壮大的成败关键。因为新媒体比旧媒体的手段新，它可以利用网络和移动技术，更快速、更全面、更丰富、更便捷地提供信息资源，形成信息的主要聚集地、新信息的传播中心。

新媒体的新手段层出不尽、令人应接不暇，全方位、立体化、组合化、多渠道的传播手段，电视、电脑、手机、平板电脑无处不在的输出终端，充斥着人们生活的方方面面、分分秒秒，不论是主动接收还是被动接收，人们都已经离不开它，不论是哪种类型的人，不论从事什么工作，都能找到令使用者感兴趣的信息，不但吸引使用者的目光，而且还抓住了使用者的兴趣点，让使用者在享乐的同时积极去传播它。大容量、高频率的信息冲击可以很容易地将新闻与时事短时间内传播到"路人皆知"。自从有了 Web 的超链接，人们就被链条牢牢地绑定，它不但抓住了人们的兴趣点，也抓住了人们的思想，令人心甘情愿地去接受这一新生事物，并为它的成长壮大积极去"奋斗"。新媒体的壮大建立在新技术、新手段的基础上，借助这些条件可以快速吸收、整合各种各样的资源，不论是传统的资料，还是新的数字信息，都可以经过新媒体得以快速传播，它的传播途径、传播手段以及收到的效果都是空前的，是传统媒体所无法比拟的，关键是人们主动地参与其中。人们在欣然接收新媒体传播信息的同时，也积极地投入这一活动中去，利用新媒体改变自己的生活方式，分享着新媒体带来的信息，同时也促进新媒体不断发展，市场占有率越来越大，效果越来越好。

新媒体是新生事物，它不是一成不变的，它一直处于发展壮大的进程中，它是对旧媒体的全面革命，是在旧媒体的基础上发展而来的，并随着自身的发展壮大而完善，一定会替代旧媒体的社会地位。新媒体将会"统治"很长一段时期，用它特有的传播方式、传播手段，改造和影响信息的产生、传播、加工、获取方式及过程以及参与这个过程的用户群。新媒体的新型信息传播给用户带来了无可比拟的价值、体验和享受，改变着人们的生活方式，影响着人们的思维方式。

（三）新媒体的分类

新媒体是在旧媒体的基础上发展起来的。以现代科学技术为依托，以网络、移动平台、多媒体为基础逐渐发展壮大起来。根据当前新媒体使用形式和发展的方向，理论界一般将新媒体分为以下几种形式。

1. 网络媒体

网络的发展是支撑新媒体的基石，网络出现后，网络媒体开始出现，它不同于过去任何一种媒体形式，它改变了过去用户只能被动接收信息的局面，改变了过去媒体的固有形态，改变了时间和空间的限制，借助网络客户端可以轻松地接收数字形式的信息资源。用户最早接触的媒体是门户网站，利用它们可以轻松摆脱过去需要很多报纸、杂志才能浏览到的信息量，可以更快捷地接收到远距离、即时发生的新闻资讯，可以同时接收文字、图片、音频、视频等数字信息，实现视觉和听觉的享受。

2. 社交类媒体

新媒体的发展是科技发展的派生产物，必然随着科技的进步而进步，移动共享平台的出现催生了社交类媒体，它是新媒体里一颗璀璨的"新星"。社交类媒体是为个体用户群的社交活动而搭建的交流平台，是网络媒体发展进程中的新生事物。在社交类媒体中，每一位个体都可以是"主人翁"，像虚拟社区、微博等社交网站平台，用户可以自己设计自己的主页、空间，编写自己的日志，发表自己的文字、视频等数字信息，选择自己的好友群体，添加超级链接，也可以参与朋友群体甚至是陌生人的交流和互动，满足了人们在虚拟世界中的社交愿望，体现出在现实社会中难以实现的"个人价值"。

如果还想要得到更多人的认可，用户可以更加积极地加入更多的媒体用户中，这不仅推动了媒体用户群体的壮大，也加快了信息的传播。

3. 手机媒体

新媒体的优势和特点在于它善于借势，任何成熟的现代科技工具都可以用来传播信息，手机媒体的出现，一方面得益于网络的发展壮大以及技术和容量的新突破；另一方面得益于移动客户端—手机多媒体功能的开发运用，也借助了手机科技进步和通信技术的发展和普及。手机作为进行信息传播的工具最早出现萌芽是短信和彩信，随着手机功能和网络功能的有机结合，手机报纸、手机期刊、手机图书得以实现，它们一经出现就显示出强大的生命力，我们再也不用在规定的时间内跑到邮局去订阅，也不用按年度、按季度订阅，随时随地就可以实现订阅和取消。移动共享平台的出现使得我们离不开手机了，人人都是手机控，个个都是低头族，我们不用在固定的时间、固定的地点去看电视节目，手机电视不受时间和空间的限制，可以随时随地利用空闲时间，如果不愿意看电视，可以通过手机里的微博、微信和朋友进行沟通及交流。

4. 数字电视

电视由播放虚拟信号发展到播放数字信号，这是网络技术发展推动的结果。在互动性、时间性较强的网络媒体冲击下，传统的单向视频信息传播已经逐渐受到用户的冷落，保住传统用户市场，积极开拓新的服务群体成为当务之急。要开拓市场就要向最先进的技术学习，电视要向电脑和手机靠拢，争取它们的末端市场，借助现成的流媒体技术、网络技术和多媒体技术平台和市场，采用用户更加喜欢的形式传播和共享电视产品。这既实现了和用户之间的互动交流，激发了用户使用数字电视的兴趣，又开拓了远程会议视频系统、IPTV 等新的媒体市场。

（四）新媒体的特征

新媒体具有即时性与互动性、个性化与分众化、数字化与虚拟化、多媒体化与跨媒体化的特征。新媒体突破性地第一次改变了用户被动接收信息的地位，找到"当家做主"的感觉，并因此迸发出极大的热情。互动性特点使得用户拥有更大的自主权和控制权，开始萌发出以自我为主的个性凸显、个性张扬的信息交流与传播的诉求,改变了过去交流和传播的方式,推行传播者与受众、受众与受众之间的交流与传播媒体信息的方式。

1. 即时性与互动性

互联网和通信的全时空服务为信息的即时传播和迅速扩散提供了保障条件。随着网络技术的发展,每一个用户都可以在客户端进行信息互动,同时又能决定接收信息的时间和内容,拥有了一定的自主权和裁量权。用户的主观能动性得到释放,信息得到迅速传播,促使更多的人群参与到即时信息的网络传播中。

互动性是新媒体的生命力所在、根本所在,它突破了旧媒体单一的、单向的传播方式,可以实现多种方式、多种方向的任意传播。这种交互性的、没有限制的传播方式,突破了过去旧媒体的单向性、强迫性和重复性。通过新媒体,用户可以随时随地进行沟通与交流,这对改变人们的生活方式、工作方式具有革命性意义。另外,一些社交媒体的出现,在虚拟的空间里,人性得到释放,这对很多人具有极强的吸引力。交互性是新媒体区别于旧媒体的突出优势和特点,它第一次实现了个体用户在信息交流过程中发挥个体的作用和拥有的控制权利。在新媒体中,受众和传播者的界限已经模糊,很难找到纯粹的受众。无论什么身份、年龄、职业、地区的人,都可以上网发布信息和言论,有时候不需要考虑接收者的感受和心情,传播者也没有任何顾虑,可以随意发表自己的观点和想法。

2. 个性化与分众化

新媒体的出现,使个体用户对信息拥有了从未有过的选择权和控制权,找到了自我的感觉,并表现出极大的热情,不断地在信息传播的过程中彰显自我,改变了以往的传播和交流方式,推动传播者与受众、受众与受众之间的交流与互动。随着新媒体的发展变化,需求的多样化造成市场的多样化,部分运营商抓住特定职业人群、特定群体、特定用户需求开发出不同的短信平台或是媒体论坛、网络博客,使特定人群讨论共同感兴趣的话题。这种运营方式抓住了此类特定用户群体的消费需求,有利于壮大此类特定用户群体的力量。在信息传播的过程中,不同的用户分别找到了自己的用户群体,促进了信息的快速传播,增加了传播行为的有效性和影响力。

在以往的信息传播过程中，从来没有一种传播方式像现在这样可以全民性地参与，从来没有一种传播方式能够使民众迸发出这样强大的积极性和主动性，真正体现了群众的力量是无穷的，人人找到了自我，得到了满足，表达自我的同时也找到了"志同道合"的朋友，大家平等地交流、相互地融合，共同促进了新媒体的发展和壮大。

3. 数字化与虚拟化

计算机的出现吹响了新一轮技术革命的号角，网络、通信技术的发展应用为技术革命插上了腾飞的翅膀。网络新技术是媒体发展和进步的基础和根本所在，每一次新技术的应用都会引发一场技术革命。在技术革命的过程中，新技术的发明及其应用逐渐发展成为新的技术领域，开发出一些新的技术手段，出现一些新理念，创造出一些新成果。现在我们正经历着"数字化革命"，几乎每一天都有新技术诞生，人人参与其中，共同创造着不同领域的新技术。在日常工作和学习中，人们已经离不开数字信息的服务，新媒体已经成为我们生活当中不可或缺的一部分，它已经融入社会生活的各行各业中。

计算机被广泛使用之后，社会上出现了新媒体。新媒体的表现形式是数字化信息，无论何种传播渠道、无论何种表现手段，信息的表现形式都是数字化，只有这种稳定的结构形式，才不会在传播的过程中出现信息丢失问题，才会在不同的终端显现相同的信息。数字化不一定是新媒体，但是数字化媒体一定是新媒体。只有数字化这种稳定结构才能借助于网络技术和移动技术确保实现信息的无障碍传播，用户才能超越时空随时随地传播和接收信息，实现不同终端、不同时间、不同主体之间的信息交互。

现在已经有越来越多的人沉浸在虚拟化的世界里，利用各新媒体信息平台，在虚拟商品、虚拟社区等环境中传播和交流信息。在新媒体环境下，人们的角色都是虚拟的，信息是未知的，用户的关系也是虚拟的，虚拟正通过不同途径影响着现实当中的群体，不断改变着传统意义上的社会人际关系。新媒体时代，虚拟这一重要特色存在于网络时空的角落，虚拟社区、社交平台都是建立在虚拟之中的，其中人际关系在现实中很难分辨，存在着很大的虚假性。

4. 多媒体化与跨媒体化

传统的旧媒体以报刊、广播、电视等方式传播文字、图像、声音、影像等信息，而新媒体则是利用数字技术传播文字、音频、视频等信息，甚至可以构建虚拟环境作为交流的平台。多媒体利用数字技术改变了传统意义上的传播方式，新媒体在传播手段和传播形式上比传统的旧媒体更具有多样化和复杂化。

新媒体的出现，打破了过去固有的媒介划分体系，表现出媒介之间的大融合，造成了事实上的"跨界"。媒介融合不仅表现在物理性融合，还有信息内容在层次、领域和维度上的融合，体现了"跨域传播"和"跨界融合"的特点。新媒体与旧媒体之间不是完全割裂的，两者之间必然存在着一定的联系，这种联系是在科学技术新发明、新应用与传统媒体之间实现有机融合时产生的，它必然伴随着新旧媒体的融合不断发展壮大。新媒体在表现形式上必然会带有旧媒体的"基因信息"，从传播形态上，新媒体与旧媒体的融合与发展也伴随着新媒体的不断成长。例如，手机报、手机电视、网络电视等都是新媒体与传统媒体找到了共同发展的结合点跨媒融合的结果。

（五）新媒体的优点

新媒体的优势体现在以下几个方面：

1. 传播迅速、交互便利

互联网是借助光纤电缆连接起来的，理论上在全球范围内不存在时间差，所以新媒体信息传播自诞生之日起就以快捷、方便和高保真等优点与旧媒体争夺市场和用户。新媒体发挥了网络即时性和快速性的优点，打破了旧媒体周期性和固定性的不足，用户可以不受时间和空间的限制随时接收及发送信息，实现互动交流。

2. 内容丰富、信息量大

新媒体打破了旧媒体单一传播的局限性，只要是数字化的信息，如文字、图片、音像、视频等都可以随意搭配、任意组合。多种数字化资源的组合使得传播的信息内容非常丰富，以及网络的飞速发展，传输速率越来越快，传递的数据容量越来越大，很多时候新媒体传播的内容能同时满足多语言、多国家的需求。因此，新媒体的传播越来越国际化，就如同处于同一个地球村。

3. 成本低廉、全球传播

互联网的作用之一是实现全球信息共享，既能搜索全球信息资源，也能将信息迅速传播到世界各地，一些信息平台为不同地方的用户、不同时间的用户提供全天候、全方位的信息共享，使得信息传播的速度更为迅捷、及时和广泛，真正实现全球化的信息传播。新媒体利用互联网和现代通信设备进行传播，网络的特性使得距离、范围与成本没有直接关系，信息传播的成本非常低廉。

4. 超级链接、超级跨越

新媒体超越旧媒体的特点之一是融合性，它不再简单地传播单一信息类型，而是将文字、图片、影像等不同类型的信息进行有序的排列组合，融合为一个整体，中间以超级链接串联起来，实现信息间的自由转接，使得用户在接收信息时能够按照自己的思路实现"超时空"转换。另外，超文本的信息组织方式也因综合性、可选择性和自主性改变了过去单一性的特点。通过新媒体平台信息检索时，使用者只要输入一个关键词就能利用网络强大的信息存储功能快捷地找到所需要查找的信息，彻底改变了过去录入书名、作者、目录等烦琐的检索方式。

二、新媒体产生的影响

（一）新媒体的产生对人们的社会生活产生了巨大的影响

新媒体的出现改变了世界，也改变了每个人。人们的生活内容、生活方式以及传播情境由此变得新颖而奇特。伴随着计算机技术、网络技术和移动技术的发展，数字技术的应用变得日益广泛。互联网传播速度的提高和云端技术的海量存储推动了新媒体的快速发展，新产品、新功能层出不穷，出现了互联网电视、手机电视、数字期刊和报纸、微信、微博、博客等许许多多的新生事物。

在日常生活和学习中，新媒体技术可以同时承载文字、图形、声音和视频等多种传播形式，迅速渗透到人们生活的各个领域，包括政治、经济、思想、文化等各个方面。新媒体技术无处不在，彻底改变了人们的生活习惯，加快了社会前进的步伐。

（二）新媒体的产生对教育产生了很大的影响

新媒体的出现促进了各种媒介资源之间的整合，并开始与教育融合。各种教育知识、教学理念等借助新媒体传播形式使人们的学习生活更加丰富，教育信息得到进一步的整合，教学的数字化、网络化优势特征得到进一步突出。新媒体的发展给教育带来了前所未有的发展机会，教育资源的利用率达到最大化。

新媒体技术有效提高了教育传播的速度和教育资源共享的程度。首先，互联网教育突破了面对面上课的地域限制，为最大限度地共享教育资源提供了条件。其次，新媒体技能的使用，使得学习内容变得更加形象，更加容易接受，满足了学生和老师随时随地学习的愿望。同时，在新媒体使用的过程中，提升了师生自身使用计算机技术的能力，为终身学习打下了坚实的基础。

新媒体技术的使用打破了传统的教育教学模式，改变了受众的学习方式。在翻转课堂教学策略中，师生地位发生了明显的变化，新媒体技术最大限度地得到了使用，创造性学习成为一种主要的教育教学方式。学习者要通过互联网的使用，利用多种新媒体技术，把学习变为一种生动形象的立体化多方位的学习过程，如计算机辅助教学、幻灯片的播放、各种音频和视频的使用和展示，都可以提高学习效果。

新媒体具有传播速度快、信息量大、成本低等优点，这有利于改善偏远地区的教育状况，最大限度地利用新媒体资源弥补教育的不足。与城市相比，如一些落后的山区，教育资源还比较贫瘠，教育经费比较紧张，与现代的教育教学仍然存在着比较大的差距，知识资源严重不足。通过新媒体的使用，可以缩小地区贫富差距，最大限度地分享知识资源，改善教育环境，提高教育教学的水平。

三、新媒体对高校图书馆学科服务的影响

传统的高校图书馆处在相对封闭的环境中，主要是"坐等上门"的被动式服务，服务的对象是高校的师生，服务形式是单一的检索、借阅服务。随着互联网技术，特别是新媒体技术的发展，给高校图书馆带来了革命性的冲

击，高校图书馆"一夜之间"失去了知识资源的垄断地位，失去了"坐等上门"的市场，更失去了封闭的"象牙塔"，需要主动走出来，面对需求为用户上门服务。

(一) 用户的需求发生变化

新媒体环境下高校图书馆的用户随着互联网技术的应用接触到了外面的世界，感受到了巨大的信息冲击，可以选择的机会增加了，思路变得开阔了，各种信息资源已经不能满足其需求。为了追求更高的层次，用户的需求变得更加个性化，对学科知识的需求更加明显。高校图书馆借助于新媒体实行主动服务的模式，大胆探索嵌入式学科服务模式，利用图书馆知识资源的优势，运用计算机技术、网络技术和移动技术，搭建高校图书馆知识生态系统，引进优秀的复合型人才，通过调查了解和沟通交流，建立用户信息库，接收用户个性化需求，利用网络共享平台为用户解决学习中遇到的问题，提供学科服务。

(二) 存储了海量的知识资源

高校图书馆利用云计算技术构建自己的网络系统，凭借虚拟空间技术存储海量的知识资源，建立知识资源库、知识元库、知识产品库和用户信息库，利用网络共享平台将知识产品共享给用户，转发、分享互联网和网络新媒体平台上的知识，在一定程度上大大提高了可传播的知识量。另外，高校图书馆学科服务团队可以利用新媒体技术借助超文本把信息以文字、图片、视频、音频等其他形式进行传播和发送，改变了知识传播的方式。

(三) 提高了学科服务的服务效率

在互联网和大数据的计算机网络环境中，新媒体可以协助知识资源的组织和传送，在新媒体技术的支持下，通过无线/移动通信网络，使用现代化的移动终端，运用网络共享平台加强与用户的交流与沟通，提供有针对性的个性化学科服务，扩大学科服务影响力。当前高校图书馆的计算机网络应用平台多数可以免费应用，可以快速满足不同用户的需求，打破了时空的限制，节省了人力资源和时间。

(四) 主动与用户交流沟通

新媒体环境下高校图书馆最大的改变是主动服务用户，新媒体具有交互性的特征，通过使用新媒体技术，缩短了图书馆与用户间的距离，传授信息的物理界限得以消除，使图书馆与用户之间能够随时随地交流，不仅节省了用户的零碎时间，而且实现了即时交互服务，与传统的图书馆学科服务的交流方式相比，发生了巨大的改变。

第二节　图书馆知识生态系统的理论研究

一、知识生态系统的相关概念及理论

（一）知识的概念与分类

1. 知识的概念

知识是人类文明的标志。文字出现以后，文明需要传承和传播，人们开始考虑和探讨知识这一词汇的概念，它首先是文明的传承，符合人类文明的发展方向，是人类对自然、对世界探索和认知的成果总和。现在理论界对知识的概念也没有统一的说法，不同的人试图从知识的内涵和外延等方面揭示知识的本质。安德森、德鲁克等一批专家学者纷纷发表自己的观点，有人认为知识就是加工了的信息，有人认为知识是专业技能运用的潜在能力，有人认为知识就是运用经验、技术认识世界、改造世界得到的信息。比较全面的解释是，知识是组织起来的信息，包含以人的主观经验、观念、技能的集合体，并且它通过吸收新的经验和信息而不断发生变化。

我国学术界对知识的概念认知相对较晚，是在国外研究的基础上发展而来的，通常认为知识是人类在认识世界、自然界、人和人类社会的实践过程中，反映事物的认知信息的总和，是可以在人与人之间传递的、经过整理加工的信息。

2. 知识的分类

关于知识的分类，大体有两种分类方法：

（1）显性知识和隐性知识。国外学术界按照知识的存在状态分为显性知识和隐性知识两种类型。显性知识字面意思显而易见就是能显示出来的、唯物的、可表象的知识，用文字、图片、数字等手段可以形容出的知识。隐性

知识是存在的，只存在于人的大脑里，没有外在的表象，不但看不见摸不着，而且也无法用现有的手段和方法表现出来，是没有标准的、唯心的知识，也是无法衡量的知识。

显性知识在整个人类文明史上占有重要地位，由于它有明确的表现形式，可以记录、可以保存，所以一直有着很好的延续和传承，能够在历史的长河中被保存、流传下去，在人类社会中占有主导地位。隐性知识由于不可表现、不可形容，很多只可意会不可言传，它的传承链条很脆弱，许多隐性知识因为战乱、天灾人祸使持有人意外死亡而丢失传承，有些因不会教授而丢失传承，所以在人类社会的发展中不能很好地发挥它的作用。但是，正因为隐性知识的不可表现反而更加具有价值，现代社会已经认识到隐性知识的重要性，已经开始进行不遗余力的挖掘和研究。

（2）个人知识和团队知识。知识按照所属主体分为个人知识和团队知识，个人知识在某些时间某些条件下会转化为团队知识的一部分。个人知识字面意思是指个人单独拥有的知识，每个人都是知识的收集者和加工者，个人知识是通过个人的学习、培训、工作、锻炼以及对自然和社会的认知形成的存在于个人脑海中的知识。团队知识是相对于个人知识的概念，它以个人知识为基础通过转移和共享集合成一个系统的、整体的、不能分割的知识综合体。团队知识的形成，首先需要构成一个组织或机构，这个团队的成员将内部每个人的个体知识整理形成一个个单独的知识，然后通过学习、培训、研讨、相互借鉴，逐渐形成一个有着明确指向的完整的知识综合体。团队知识存在于团队内部，可以是团队文化、价值观等内容，个人无法分割、带走的知识。

（二）知识生态理论

1. *知识生态学*

"生态学"一词是由希腊词"房屋"和"科学"合成的，是研究人所处的环境的意思。研究"生态学"的目的是通过研究自然界，找到一条人类与自然界和谐相处的途径。随着时代的发展、科学的研究、科技的发明创造和社会的进步，人们对生态学的认知不断进步，生态学的内涵和外延发生了深刻变化。尤其是二次工业革命之后，科学技术的进步促进了生产力的极大提高，工业化产能得到巨大释放，给人类社会带来巨大的物质利益。但与此同时，也消耗了巨量的能源和自然资源，对环境造成了极大的破坏，把人类发展推到了自然环境的对立面。如何保障人类社会经济持续发展和保护自然环境不受破坏是生态学研究的重点内容，这也是世界各国在发展中需要遵循的理论依据，已在世界范围内得到认同。知识生态学是生态学的衍生产物，作为一门新的学科来研究更具有社会意义。知识生态学是在知识领域内模仿生态学的理论进行知识的流转和应用，这一理论还处在研究和实践的探索阶段，还没有形成统一的概念和标准，也没有成熟的理论指导实践。

在国外最早比较科学的定义中，有人认为知识生态学是用什么样的手段和方法能够创造和使用知识；后来有人认为，知识生态学首先是生态学范畴，它是一个功能完全符合生态系统的知识生态系统学科，是研究以知识流转为主线的知识节点和生态要素的学科。

随着国外研究的开展，国内学者开始关注并研究知识生态学，一种说法是，把知识的生态代入到自然生态系统中去对照研究发展趋势、与社会生态系统的关系。还有的说法是，知识生态是类自然生态系统，它内在的知识因子就像是自然界中的生命体，它与自然环境的生态关系就是知识因子与知识生态的关系。

2. 知识生态因子

知识生态系统由知识人、知识源和知识环境等要素构成，知识生态因子是知识生态系统的重要组成部分，它是知识生态要素的主导因素，它是自然环境中动植物的细胞，在知识系统中发挥着重要作用。

知识是人类在漫长的历史发展过程中形成的认识自然、认识世界的成果，是知识生态中起关键作用的知识生态因子。如果没有知识，知识生态系统就无从谈起，有了知识才会出现一系列组成知识生态的各个要素。知识可以直接作用于其他的生态因子；其他的生态因子作为整个生态系统的组成部分也发挥着不可替代的作用。知识主体是指人或组织围绕知识流转过程发挥直接或间接作用的人或组织。知识环境是指知识活动的空间，可以是局部区域，也可以是整个生态系统的空间，知识环境分为内部环境和外部环境。知识环境也是由因子组成的，内部因子主要是制度因子、文化因子等，外部因子主要是法律因子、行业标准因子等。知识技术主要包括知识处理技术因子、信息采集技术因子以及信息检索和信息安全等技术因子，它是支撑知识生态系统正常运行的技术手段。

3. 知识生态系统

知识生态系统是模拟生态系统对知识进行研究和实践的系统。它是以知识资源、知识服务活动、知识创新活动等一系列知识流转的过程和在这个过程中发生作用的环境所组成的知识系统。1991 年，乔治·皮尔（George Pór）第一个提出了"知识生态系统"的概念，知识生态系统开始在企业界获得认可，没有生命但有活性的知识被看作是有生命的，模拟生态构成知识生态系统。知识生态系统是由人主导的，由人际关系网络、知识网络和技术网络组成的生态系统，是一个复杂的、具有自适应能力和自我平衡能力的系统。

知识生态系统正处于初步的研究阶段。研究角度不同，对知识生态系统的解释和定义也不相同。有的人抓住关键点进行诠释，有的人糅合社会生态系统、自然界的生态系统和知识的特性，试图给出一个完整的定义。实际上，无论如何解释，知识生态系统的定义都具有时间局限性和历史局限性，用发展的眼光看待知识生态系统理论将是一个长期的课题。现阶段只能围绕知识、知识人、环境和技术等方面进行研究和阐述。

二、图书馆知识生态系统的相关概念及理论

（一）图书馆学与生态学的交叉研究

随着近代生产力的发展，尤其是二次工业革命之后，科学技术的进步促进了生产力的极大提高，工业化产能得到巨大释放，给人类社会带来巨大的物质利益。但同时也消耗了巨大的能源和自然资源，对环境造成了极大的破坏，把人类发展推到了保护自然环境的对立面。全球变暖、污染日益加重等环境问题迫使各国开始重视对生态和环境的保护，生态理论已经开始发挥其指导作用，对解决自然界的环境和生态问题、人类的社会问题和可持续发展问题也会发挥其重要指导作用。目前，对于生态理论的研究正处在蓬勃发展的时期，这随之带动了生态学的可持续发展。对于自然界的生态研究已经持

续了很多年，相关的研究成果已经非常丰富。对于生态理论、生态系统的研究也已经发展到成熟阶段，到了理论联系实际的阶段。目前，保护环境，构建人与自然的和谐相处关系成为社会发展进程中的首要问题。

图书馆是人类社会文明进步到一定程度的产物，图书馆的知识生态系统是社会生态系统的组成部分，社会生态系统的理论一样适应于图书馆的知识生态系统。随着生产力的发展、社会的进步，图书馆也正在发生巨大的变化，提供信息服务的方法和服务模式也随之发生很大的变化。当今社会，网络技术、移动通信技术的发展，推动图书馆信息服务向着数字化、开放式、全天候、跨区域和个性化的方向发展，社会的进步对图书馆的服务工作提出了更高、更加社会化的要求，这需要从社会生态系统出发，指导研究解决图书馆服务系统的热点问题和难题。目前，科研人员已经开始将图书馆服务由信息研究转向图书馆知识生态系统的研究。

（二）图书馆知识生态系统的概念

高校图书馆知识生态系统作为社会生态系统的一部分，是模拟自然生态系统的理论、方法和研究成果，把知识作为生命体，用知识的生产加工、传播交流等知识流转链条为依托的一套有机整体的系统。它是生态系统理论在知识领域内的实践，也可以说是生态系统理论与知识运行的特点相结合的综合性概念。它是高校图书馆知识管理的各要素相互作用、相互关联的关系集成，是知识、知识主体、知识管理制度、知识管理技术、组织结构等运行关系以及外部环境的影响因素共同作用的结果。这是一个复杂多变的系统，内部各要素之间是相互联系、相互作用、相互促进的，这些是影响知识生态系统发展变化的主要因素，同时，它又受到外部环境的制约和影响。高校图书馆知识生态系统既是一个独立的系统，又受社会生态系统和外部环境的影响的系统，它是随着社会的发展方向而发展变化的，在一定时间段内受内部因素制约或者动态平衡的需要而实现自身的发展状态。

图书馆是社会进步的表现，当人类文明发展到一定程度，由文字记事发展到记录技术、观点、思想的时候，知识作为文明的重要组成部分需要传承和发展，记录知识的载体相对稳定、容易生产或实现时，图书馆应运而生。一直以来，图书馆的主要职能是收藏图书和信息资料、传播知识。作为一个知识的集中地、输出源，从诞生之日起图书馆就是社会公益事业的一部分，处于知识信息的垄断地位，它的主要精力放在知识的收集、文献的收藏上，没有考虑过服务形式和内容的变革。科学技术发展到当代，计算机技术、网络技术和移动技术的发展日新月异，给整个世界和每个人都带来了革命性的变化。数字技术的发明和应用，首先受到冲击的就是新闻出版发行行业，作为出版发行行业下游的图书馆必然会受到冲击，过去作为资本的"汗牛充栋"的图书资料由于携带、阅读的不方便慢慢变成鸡肋。建立在网络技术和移动技术上的新媒体给了传统图书馆致命一击，图书馆再也没有了"坐等上门"的服务市场，开始随着社会生态系统的变化而变化，调整思路、寻找新的服务方式、寻找知识资源的出路，图书馆知识生态系统也调整为围绕知识的收集、整理、加工、共享为主线的学科服务体系。图书馆知识生态系统构成示意图如图 1.1 所示。

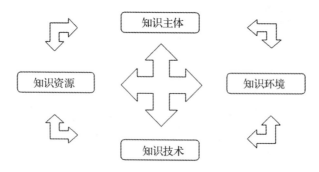

图 1.1　图书馆知识生态系统构成示意图

（三）图书馆知识生态系统的特征

图书馆知识生态系统是一个拟生命体的系统，它符合自然界生态系统的规律和特点，图书馆知识生态系统的理论研究也是遵循着生态系统的一般规律展开的，主要有以下特点：

1. 运行动态性

图书馆知识生态系统是拟生命体的生态系统，因为知识的活性，它在与环境交流时能够自我平衡、进行自适应调节，它的运行是循环性自我平衡的知识流转。

2. 生命周期性

图书馆知识生态系统是以知识生产、传播的循环过程为运行主线的系统，因此同自然生态系统一样，具有生命周期性。

3. 敏感性

图书馆知识生态系统能够自我调节生态平衡，自适应能力很强，它的发展是循环前进的，对于构成要素和外部环境的影响非常敏感，能够及时做出反应，进而做出整个系统的调整、进化。

4. 自组织性

图书馆知识生态系统具有很强的调控能力，能够动态地自我组织平衡，它可以根据环境因素的变化而变化，由主导知识运行的知识主体做出反应，系统进行自我组织和进化，达到一个新循环的自我平衡，进而影响内部组成要素做出反应、调整资源配置。

5. 结构性和多维性

图书馆知识生态系统是以知识流转为主线的各要素搭建的结构体系、结构节点发挥稳定性，也是促进和加快知识流转的原动力。作为系统最活跃的因子，如知识的生产者、消费者等角色，既相互依存，又互相影响，在一定条件下可以互相转化。

三、图书馆知识生态系统的研究现状

(一) 国内外研究现状综述

新媒体环境下图书馆知识生态系统作为一门新建立的学科，伴随着社会生态系统的理论研究而日渐受到关注，其中的相关问题也一直受到国内外图书情报学界研究人员的关注和研究，将知识生态理论与图书馆研究领域相结合，系统研究知识生态系统的组成要素、系统模型等核心问题，并构建图书馆知识生态模型，生成高校图书馆的知识生态系统。特别是在当前新媒体环境下，各种围绕网络技术和移动技术开发的产品和应用软件层出不尽，图书馆如何适应并利用好这些科技产品，走出一条学科服务的康庄大道，对图书馆知识生态系统的理论研究和实践探索是极其重要和急需要做的工作，要把研究高校图书馆的知识服务途径与方法放在首要位置。

　　知识与文明有着密切的联系，它随着社会文明的发展而发展。当代科技发明创造、社会文明进步都是随着西方资本主义的工业革命而变得兴旺发达起来，相关的科学研究也一直走在世界前列。早在 20 世纪 90 年代，国外研究人员开始提出并研究"知识生态学"概念，当时的西方社会政治、经济都处于高速的发展时期，社会科学处于相对的繁荣期，对于知识生态学和知识生态系统理论的研究已经进入了一个快速的发展期，借助于比较成熟的生态系统理论和研究成果对知识生态的研究也比较系统，借助发达的科技力量和社会文明，更加注重将理论研究与实践研究相结合，取得了显著成果。一方面，以知识流转为主线，牢牢把握住知识生态、知识管理及信息生态在知识循环过程中的特点，以代入的方式用成熟的生态理论研究知识生态；另一方面，采取边研究边探索的模式，将知识生态系统理论运用到社会各个领域，通过理论到实践，再从实践到理论的过程，理论联系实际构建各类知识生态系统的模型，打造和谐的生态环境。

　　知识是社会发展进步的"显示器"，是人类文明的记录仪，它紧密关联人类社会科技发展和生产力的进步，当今知识经济时代，科技进步创造了巨大的社会财富和经济财富，这些都离不开知识的力量，知识从来没有像今天这样被依赖、被认可、被重视，在社会经济发展中的地位更是史无前例的，因此，知识生态应运而生是人类社会历史发展和科技进步的必然趋势。

　　1991 年，乔治·皮尔（George Pór）在"自然生态系统"概念的基础上初步提出了知识生态的概念，他把知识的概念引申到知识生态系统，认为知识生态是信息生态的更高层面的发展，是继承和发展的信息生态，是知识生产、创造和更新带来的结果。知识引入生态系统被拟人化，没有生命但有活性的知识被看作有生命，以生命体的周期规律代入生态系统，保持知识的特性与生态系统交互影响构成知识生态系统。这种以人为主导的系统必然带有人类惯性思维的东西，就是人际关系，建立良好的人际关系网络、搭建科学的技术网络和知识网络共同组成的生态系统，是一个复杂的、具有自适应能力和自我平衡能力的系统。

　　2000 年，乔治·皮尔提出"个人和组织知识生态系统的学习、设计和改进是知识生态学的焦点"。通过承认学习的社会属性和技术所起的关键作用，知识生态在静态的知识管理数据仓库和自然系统动态的、适应性的行为两者存在的鸿沟上架起了桥梁。乔治·皮尔作为"知识生态系统"概念的提出者，在学术界拥有不可比拟的地位，乔治·皮尔的知识生态学理论也具有很强的科学性，在当时具有划时代的意义，对国内外研究知识生态学的学者们影响深远，许多学者都以他的理论为基础进行知识生态系统的研究。其他外国学者如泊万德·B.（Bowonder. B）则从根源上寻找依据，运用类比法进行研究，把知识系统与生态系统放在一起比较，认为它们具有很多相似之处，它们都有金字塔构架，都有进化现象，都有发展方向变化的演替现象。

在国内方面，对于知识生态系统的研究都是在借鉴国外理论的基础上加以阐述，蒲楠等（2001）从人的角度出发阐述知识生态系统，将知识工作者视为有机体，以他们的活动为研究对象，知识工作者之间彼此相互作用、相互影响，形成一定的关联度，再与组织环境相互影响发生关系的功能系统就是知识生态系统。孙振领（2006）等用旁证法对知识生态系统理论体系进行阐述，他认为，知识生态系统既然是模拟生态系统，就应该按照生态系统现成的理论、概念、关系套入相关的知识生态内容，再加以推断、演化知识生态系统的模型构建、组成要素，分析系统的特性和功能。知识生态系统是以带入方式模拟生态系统进行研究和实践的系统。从生态系统、生态学理论和知识特性出发，对它们之间的交互作用、发生的关系进行研究，探索知识生态系统中的规律。以知识为主线的知识资源、知识服务、知识创新、知识传递和共享活动生成知识流转的全过程，知识流转的过程和在这个过程中发生作用的环境所组成的知识系统就是我们所研究的知识生态系统。

（二）知识生态系统理论在图书馆的应用和实践

知识生态系统已经在社会各个领域应用，很多方面已经取得了显著成果，作为知识的直接传播者，教育、图书馆、高校等研究领域早已有学者关注并加以研究，形成知识生态理论的分支子系统并取得了一定的研究成果，在理论与实际相结合的基础上构建了符合本领域的知识生态系统模型。国内学者刘健、王光文、邱丽等都在积极探索研究适合我国国情的知识生态系统理论体系，探寻内部各要素和外部环境与国外的区别，用以指导我们国家高校图书馆学科服务的发展和研究。

1. 图书馆知识生态系统的运行方面

知识生态系统是围绕知识流转循环渐进的各要素之间相互影响、相互作用，以及与外部环境交互影响的生态系统。知识生态系统作为一个生态系统，它的发展和进化是主流，要研究知识生态的运行和进化，主要研究对象是知识的运行动力和演化机制，明白知识主体、知识资源、知识管理等要素因子的关联度和影响力，才能把握知识循环运动的方向。知道如何针对知识流动和运行优化提出对策，解决知识活性因子的突变和影响。国内许多学者借助国外理论从不同的理论角度出发研究国内社会生态环境，尝试解析图书馆知识生态系统运行的内在规律，研究知识生态系统的自适应性和自我平衡调节能力，探寻我国的外部环境对知识生态系统产生影响的关键因素，探讨图书馆知识生态系统的复杂性与知识网络结构的内在关联和相互影响作用，以及生命周期的长短和知识进化之间的联系。

2. 图书馆知识生态系统的知识管理方面

国内学者认为，知识生态是知识管理的高级阶段，这是将知识的规范约束上升到知识流转过程的整个系统，放大了知识管理的功能。国内图书馆尝试将知识生态系统理论引入图书馆工作中，研究人的主观意识对系统的影响，从管理的角度研究知识生态系统运行下图书馆知识流转过程中各要素之间的关系。

有的学者认为，知识生态是一种状态，是拟生命体的社会生态，是一个开放的、复杂的动态循环渐进运行网络体系，知识生态系统理论是以知识的生产、传递、共享等一系列知识流转为主线，以知识循环渐进的发展方向为目标，围绕知识发生的各种关系为重点的学科。不论是从知识管理的角度，还是从生态学的角度，不论是以知识拟人，还是知识主体的人，最终的目的只有一个，就是完善和发展知识生态系统理论。现代西方学术界在各个领域的研究，最终归结到一点，就是经济利益的驱动，知识生态系统理论的研究起源于发现了知识的增值可以带来更高的经济效益，资本的趋利性和市场经济规律都指引着这一行为的进行，从另一个角度来说，确实有利于知识生态系统理论的研究和实践，这是相辅相成的。国内学术界对这一理论研究的滞后，一方面，由于新媒体环境下的计算机技术、网络技术和移动技术相对落后于西方发达国家，在市场经济体制尚不成熟的情况下高校图书馆学科服务市场需求还没有那么迫切，知识生态系统理论的研究基础还不够雄厚；另一方面，我国的政治体制决定了高校图书馆缺乏浓厚的商业气息，还未形成吸引资本注入的市场，学术界的目光也没有集中注意到这一理论。

知识生态系统是通过生态因子围绕知识流动而运动，以满足用户对知识的需求，支撑完成任务的关键是增值服务，通过知识资源流动生产新知识、创造新价值，这符合市场运作的一般规律。同时，知识生态系统具有自适应和平衡调控能力，针对内部要素关联度的变化、外部环境的影响，通过调整知识流转的要素因子配置，调节循环渐进的方向达到新的平衡。在这个平衡的过程中会产生、创造新的知识，新知识的流动会创造新价值、新财富，带来经济效益和社会效益，这也是知识生态系统理论研究的动力所在，是国外资本投入根本所在，也是国内外学者研究的关注重点，知识经济时代所追逐的目的所在。

第三节　新媒体环境下高校图书馆知识生态系统要素构成

一、新媒体环境下高校图书馆知识生态系统构成要素

高校图书馆知识生态系统是知识生态系统的一个分支。知识生态系统主要研究关于知识的一切内在要素和外在的环境，研究如何构建一个和谐、高效的知识运行体系，探寻知识运行的规律，调节、控制知识流转在生态环境下的规范运行，促使创造新的知识，确保知识循环有规律地渐进运行，最终实现效益的最大化，不断扩大知识的社会影响力。知识生态理论在某些领域经实践后取得了一定的研究成果，在此基础上，正在进行嵌入式学科服务试验性实践的高校图书馆把知识生态理论引入了图书馆行业，试图开展对高校图书馆知识资源的管理工作。

高校图书馆有自己的空间结构，随着时间的变化而变化，它也有着特殊的自我调节功能，有着生态系统的所有构成要素和构成因子，主要包括：知

识主体（学科服务团队成员和用户）、知识技术（计算机技术、移动设备和通信网络）、知识资源、知识环境（教学环境、合作单位、管理模式），并且高校图书馆是对外开放的系统，这一切说明高校图书馆完全是一个生态系统，并且同时具有自然生态和文化生态双重属性的一个完整的知识生态系统。不论国内外研究人员如何解析知识生态系统，形成何种不同的见解来定义知识生态系统，都离不开研究知识生态因子，因为知识生态因子是生态系统的决定性因素，是最具活力的因素，是构建知识生态系统的基础和系统框架的关键节点，它能够促进构成要素之间关联度的变化。只有通过研究知识生态系统中各构成要素之间的关系，才能调配、控制知识生态因子的和谐发展，促进知识生态系统的良性循环。

科学技术的进步引领着社会知识系统的前进，社会知识系统的进步引领着高校图书馆知识生态系统的前进。由于国内对于知识生态理论的研究起步较晚，有些方面的研究还是空白，再加上高校图书馆本身的特殊性，所以研究这一领域的人员较少，但高校图书馆知识生态系统的一般性规律、构成要素都是一样的。高校图书馆知识生态系统一般包括知识主体、知识资源、知识环境和知识技术四个主要要素，要研究高校图书馆知识生态系统就必须从这四个方面入手，分析组成新媒体环境下知识生态系统的各个组成要素之间的相互关系，探寻如何在关联性和作用力之间找到平衡，构建和谐高效的有机整体，促进知识创新的可持续性发展。

在知识生态系统理论的管理下，高校图书馆学科服务团队可以利用新媒体工具和技术打造属于自己的服务平台，协调学科服务团队内部要素和外部环境因素各因子之间的知识流动，协调并促进知识创新的循环有序发展。进一步实行科学管理，优化高校图书馆学科服务团队的资源配置，使学科服务团队内部各要素之间更加和谐，各项功能更加有机统一，确保学科服务效果更加显著，更好地服务于用户。

学科服务团队和用户能够及时准确地得到新知识，从而实现学科服务团队在良好的知识生态环境下实现创新和增值服务，和谐地融入社会生态系统中去。新媒体环境下高校图书馆知识生态系统构成如图 1.2 所示。

知识环境（文化、法律、制度、政策）			
知识资源	显性知识	知识主体的学科知识、图书馆资源中学科知识的部分、学科环境的知识	
	隐性知识		
知识主体	个体	知识生产者、知识传递者、知识分解者、知识消费者	
	群体		
	种群		
知识技术	网络技术	手机、笔记本、平板电脑、MP3/MP4等计算机终端、微信、QQ、微博等互联网技术	
	即时通信技术		
	互联网技术		
	搜索引擎技术		
知识环境（文化、法律、制度、政策）			

图1.2 新媒体环境下高校图书馆知识生态系统构成

以上是高校图书馆知识生态系统的构成框架和构成要素，新媒体环境下的高校图书馆是以学科服务为主要职能开展服务工作的。图书馆学科服务团队借助网络技术和移动技术，利用成熟的平台技术、计算机技术、数据处理系统、云计算技术搭建自己的知识生态系统，实现知识快速流动和知识生态系统循环渐进的良性发展，并对其进行科学的管理和利用，从而实现高校图书馆的学科服务任务。

在高校图书馆开展学科服务的过程中，无论系统多么先进，最终起决定性作用的依然是人。知识主体（知识人）在学科服务过程中始终处于主导地位，要充分调动和发挥知识主体的主观能动性，真正实现知识主体的活性因子影响力，就要使用不同的技术在环境互动关系中寻找知识流转的支撑点，对它们不断进行演化、推进，促使知识创新更加规范、高效，在更高知识层面体现其价值，使得知识共享可以为更多的、不同知识主体服务，进一步扩大学科服务的社会影响力和创造力，最大限度满足用户的需求，取得更大的经济效益和社会效益。同时，还要采取有效的措施促进知识生态系统在现有的技术和平台上达到更加和谐的状态，使高校图书馆中不同知识个体之间、不同知识群体之间形成知识资源共享，推动高校图书馆学科服务的知识创新与高效利用。

二、新媒体环境下高校图书馆知识生态系统的各要素分析

（一）高校图书馆知识生态系统——知识资源

高校图书馆不论是过去传统的被动式服务，还是现在新媒体环境下的学科服务，高校图书馆的立馆之本都是图书馆丰富的知识资源。只有依托知识资源，高校图书馆才能发挥自身优势，走出一条独具特色的服务之路。科技是第一生产力，知识资源是推动科技进步的源泉，现在越来越多的专家学者开始关注和研究知识资源。知识资源是人类在认识世界、探索自然过程中形成的智力成果，它具有一定的表现形式，能够被学习和传承，主要包括科学知识资源、技术知识资源和信息知识资源等，这些知识资源可以被物化并带来财富。人们可以通过学习进行精神消费，也可以进行物质生产，产生经济效益和社会效益。

高校图书馆设立之初主要是为高校的老师和学生服务，虽然现在通过网络和信息服务平台实现了对外开放，可以为更多的人提供信息服务，但它的服务却越来越具有针对性和个性化。目前各大高校的核心任务是创建一流大学和一流学科、培养优秀的学生，一切教学和科研活动都是围绕这个目的进行的，高校图书馆作为高校学科知识资源的管理服务者更有着义不容辞的责任，图书馆的知识资源不但是高校的，也是社会知识资源最为重要的组成部分。

新媒体环境下的科技产品层出不尽，正在改变着人们的生活方式，人们在享受新科技带来便利的同时，变得越来越依赖这些新产品、新技术，但某些社会运行的规则还保持着原有的法则，人们日常工作生活的秩序依然存在。高校图书馆虽然失去了垄断性的知识资源输出地位，但由于现在的信息更新速度快，内容庞大复杂，单一的用户没有时间、没有精力、没有专业设备在浩如烟海的信息中找寻自己所需要的学科知识信息，用户对学科知识的需求不但没有减少，反而因为个性化需求的增加，需求市场变得更加宽泛。

高校图书馆针对这种情况，必须要改变过去传统的服务方式，认真思考面对如此广阔的市场如何定位，如何利用自身的知识资源优势迅速占领学科服务市场。首要问题是分析高校图书馆所掌握的知识资源有哪些，具备哪些学科服务的优势。首先，高校图书馆拥有丰富的学科知识资源，这是学科服务的基础和保障。在知识资源储备方面，一方面是高校图书馆过去固有的馆藏资源；另一方面是可以从网络上收集和购买的外来知识资源，这是高校图书馆可以输出的资源优势。其次，高校图书馆具有专业化信息数据分析和加工设备，有专业化处理学科知识信息的人才，有职业化知识管理的团队和完善的内部控制制度。除此之外，高校图书馆还可以提供与学科知识相关的学科环境知识，帮助用户了解和解决学科项目运行过程中遇到的专业性和社会性问题。

高校图书馆传统意义的服务是借助已有的学科知识资源被动地为用户提供服务，用户需要什么，自己去查询、搜索。现在，高校图书馆一改过去的传统服务模式，借助新媒体手段，利用移动技术、移动网络传输和移动设备等，通过信息服务平台管理学科知识资源，构架新的图书馆管理模式，把学科知识资源划分为信息资源库、知识元库、知识产品库、服务信息库四大部分，更好地为图书馆移动服务提供学科知识资源和管理。高校图书馆学科知识资源组成如图 1.3 所示。

互联网的出现和使用，改变了人们的生活和工作方式，也改变了高校图书馆学科知识资源的生存状态，改变了过去图书馆越大、图书数量越多，说明图书馆水平越高的局面，占有学科信息资源已经不能成为衡量图书馆建设水平的标准，目前已变成哪个图书馆的知识生态系统更具生命力，具有更强的动态性和生命性，它们是学科知识资源在移动环境下激活生命力的表现，体现出图书馆知识生态系统自我更新能力、新陈代谢功能和旺盛的生命力。

对于高校图书馆如何利用相关知识技术，把学科知识资源进行科学的知识管理和知识服务，把有价值的学科知识资源提供给所需的用户已成为衡量图书馆服务水平的新标准。

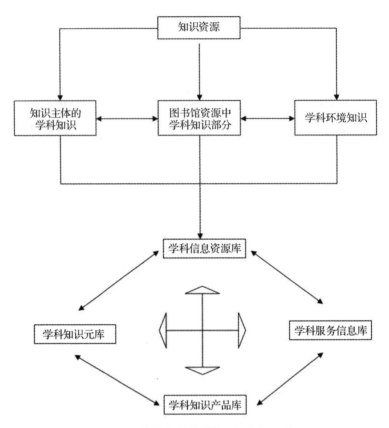

图 1.3　高校图书馆学科知识资源组成

（二）高校图书馆知识生态系统——知识主体

知识主体通俗地讲就是指人，这里所谓的"人"不是简单的指社会上的所有人，是有特殊要求的一群人、一个整体组织的人，这些群体组织的人是依赖客体而存在的、是需要客体认同的人。主体是哲学概念，它是指通过认识和实践获得客体支配地位的人。作为哲学概念的"主体"被引用到知识学科中成为知识主体。

知识主体是主体引入知识学科中发展形成的概念，广义的知识主体是一个多层次结构的有机整体，包括从事知识管理的人和知识管理系统。现在国内外学术界从不同的角度对知识主体进行研究，侧重点不同，对知识主体概念的定义和表述也各不相同。大部分观点是从人的主观能动性的角度出发而进行研究和阐述的，强调了人的自觉性、主动性和能动性，认为知识主体是指特定的人，在知识生态系统中的人，围绕知识发生关系和做工的人，靠"卖""弄"知识"养家糊口"的人。他们学习、吸收知识，转化成为自身理解掌握的知识，再创造知识和传播知识。它是知识生态链上活动的生态主体，包括知识生态系统中所有的人和组织，在知识生态系统中起到核心作用、决定作用。高校图书馆知识主体组成如表 1.1 所示。

表 1.1　高校图书馆知识主体组成

	知识主体个体	老师、学生、科研人员、馆员、管理人员
知识主体	知识主体（虚拟）种群	兴趣小组、话题讨论组、行业协会、创新团队
	知识主体（实体）群体	机构、单位、院系、项目研发团队、社团

新媒体环境下的高校图书馆知识主体利用网络和高校图书馆建立服务联系，借助市场上成熟的设备和软件系统打造属于图书馆知识系统的平台，运用计算机技术、数据库技术、云计算技术、数据处理系统等技术手段收集、整理、加工创造新知识或者认识、运用、创新知识的人或组织。这里的知识主体可以是图书馆馆员，也可以是学科服务团队。这些都是可以创造知识的主体。如果从知识的权属性上划分，可以是拥有知识的主体和利用知识的主体，这种划分是不固定的，利用知识的主体也可以创新知识成为拥有知识的主体，拥有知识的主体也需要学习新知识成为利用知识的主体。如果按照活动类型划分为人员个体和团队，按生态作用划分为校内、校外两种用户。

知识主体多数情况下是以个体形式存在的，知识个体按照功能划分为知识生产者、知识传递者、知识消费者、知识分解者四种类型，高校图书馆知识生态系统是以围绕知识流转为主线的各要素之间依据关联度构建的生态系统，知识的流转是靠知识主体来完成的，没有知识主体就不可能有知识的活动，所以知识生态系统中知识的拟生命体活力在某种意义上讲就是知识主体的活力，它掌管着知识流转的全过程，是知识流转运动的原动力，知识生态系统是在知识的循环渐进过程中发展进步的，受到外部的环境影响而变化，知识个体的角色不是一成不变的，它随着知识环境的变化而改变。

1. 知识主体个体

（1）知识生产者。知识生产者就是指人或组织，他们能够利用自身掌握的、收集、整理的知识创造和生产出新知识，作为高校图书馆知识生态系统的知识生产不可能是盲目的，它是以学科服务为目的的，是按照已知用户或用户群的目标和要求进行知识生产的，有了用户的需求就有了生产的目标，依据高校图书馆学科服务团队自有的一整套程序和方法，从知识资源到知识元，再到知识产品，对知识进行一系列的收集、筛选、整理、加工和提炼，生产或形成新的知识产品。在高校图书馆学科服务团队中，作为知识生产者的学科馆员个体利用自身的经验、技巧等隐性知识，把这些知识经过加工可以变成显性知识，或者针对用户需求利用从学校图书馆的知识数据库和外部途径获取的显性知识，按照学科服务团队或者用户的信息需求，对知识进行选择、整理和组织，进行知识的生产。服务团队内部每个成员都可以是知识生产者，可以按照分工承担不同工作。部分知识生产者承担的任务可能是与用户之间进行交流沟通，也就是知识生态系统中知识传递者的功能。

（2）知识传递者。知识传递者顾名思义就是负责将知识传递给知识消费者，是知识生态链上的重要一环，在图书馆学科服务工作中扮演着中介、推介的重要角色，这一角色是由高校图书馆学科服务团队中负责对外宣传的人员或者新媒体管理者承担，一般流程是高校图书馆学科服务团队借助新媒体公众平台进行学科服务，知识生产者将知识产品交给团队，然后由宣传人员负责在平台上推介产品，解答产品的一般宣传性功能和特点；由管理员将知识产品存储到知识产品库，以共享的方式发布到公众平台，此时知识产品已由生产环节转到传递环节，宣传员、管理员的知识宣传和共享工作就是知识传递，起到知识传递者的功能作用。另外，知识生产者通过新媒体的交流平台与消费者进行交流，也能够承担知识传递者的角色，这时知识生产者也扮演着知识传递者的功能。

（3）知识消费者。消费者是食物链中的一环，通过消耗其他生物得以存活的生物。以此类推知识消费者是知识流转中的一环，也可以说是知识生产的原动力，知识生态系统中的消费者，他们消费的是知识产品，消费知识的群体可以是个人或者组织，知识消费者的角色不是一成不变的，在知识环境变化的情况下可以转换为其他角色。知识消费者的群体可以分为两部分，一部分是图书馆馆员，也就是团队成员，每一位团队成员都不可能是全面掌握知识的人，每个人都有需要学习的知识，在知识的生产过程中，团队成员之间经常需要通过各种方式借助新媒体方式向团队内部其他人员或组织寻求帮助，有时为了更好地完成任务，团队也会不定期对成员进行培训，这时的团队成员成为知识消费者。另一部分是团队服务的对象，包括外部的所有用户，他们在学习、教学和科研的活动中产生学科知识需求，借助新媒体工具向团队寻求服务、购买服务，图书馆学科服务团队接受用户需求后，组织生产知识产品通过学科服务共享平台将学科知识共享给用户，所有获得共享知识的用户都是知识消费者。有了消费者才会有市场，才能刺激生产者生产产品，消费者是生产者进行生产的原动力，是实现生产者自我价值体现的关键因素，图书馆学科服务团队进行学科服务为用户生产知识，是在知识消费者的知识需求刺激下才会进行知识的生产和共享，才会有围绕知识发生关系的知识生态系统。

（4）知识分解者。知识分解者是指在知识生态链中负责知识的分解和组织的主体，同时也负责整个系统组织和管理工作。知识分解者，一方面执行团队内部管理职能，管理和控制所有知识资源，规范知识产品共享平台，优化用户查询和使用平台知识，组织用户参加新知识共享活动，扩大学科服务的社会影响力；另一方面知识分解者发挥分解作用，将知识共享过程中过时的知识产品进行分解，保留有用的知识元，删除虚假的、冗余的知识资源。另外，学科服务团队的领导者也起着知识分解者的作用，一是负责图书馆整体知识共享工作的管控和监督，调节内外关系；二是加强组织管理，使团队所有成员成为一个有机整体，消除内部摩擦和阻力，打造服务至上、团结合作的优秀团队；三是促进团队的知识生产速度，进一步提高产品质量，保障学科服务的经济效益和社会效益最大化，严格执行内部控制制度，全方位进行知识的保护、保存和存储，保护知识产品的正当合法权益。

2. 知识主体种群

种群是指在特定的时间和空间内所有同类个体，知识主体种群是指在特定条件下为了同一目的形成的个体集合，是知识生态系统的组成部分中最小单位，它的功能性是由知识开发的需求决定的，指在高校图书馆学科服务团队内部，因为任务的需要自发形成的小团体，为了任务而发生更加紧密的联系，它们为了共同的目标走到一起。组织虽然是自发的，但并不是随意地、无序地聚集在一起，而是以同一项任务为纽带组织起来的，是为了完成某一项任务或功能。它们通过知识交流和共享形成的暂时的组织，彼此之间相互合作、配合。知识主体种群在高校图书馆学科服务团队内部有很多，并且是常态化存在的，分为永久性知识种群和临时性知识种群。学科服务团队为了自身发展制定长期战略性规划，设定长期发展目标，永久性知识种群就是为了完成长期目标或任务而形成的一种固定性的知识种群，这种知识主体种群因为任务的艰巨性和长期性，一般需要抽调核心队员参与，基本不会改变。临时性知识种群是指团队为维持和完成日常工作需要或用户需求，临时组成的小团体，短期内是相对固定的，长期来看是临时的。一般由任务小组负责人负责组织人员，安排任务，临时性带来了变数，活跃了团队内部气氛，使小组内部团结一致，密切配合，提高团队内部工作效率的同时，无形中形成成员之间的竞争力，激发团队成员的主观能动性和创造力，增强了团队的向心力、创新力和竞争力，不断扩大学科服务的社会影响力。高校图书馆知识主体组成如图 1.4 所示。

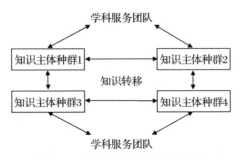

图 1.4　高校图书馆知识主体组成

作为组织机构的学科服务团队，它的机构是复杂的、严密的，需要面对和处理团队内外方方面面的事物，需要完成多个任务，每个任务往往需要多个小组分解任务完成，每个小组根据不同任务需要抽调不同的专家、不同部门人员，小组之间密切交流配合，互相取长补短，促进内部知识共享的发生。在完成任务的过程中，各知识种群与团队之间产生知识的转移和共享，生产出新知识。学科服务团队要想保持健康稳定的发展，知识种群一定要保持稳定，稳定和默契是团队稳固发展的根本保证，这就要求团队中各个小组成员（知识个体）的年龄结构、知识结构要适中，人员的新老交替和变动都要保持在合理的范围内，保证种群之间的关系要稳定、种群内部的结构要相对固定，稳定是在团队保持内部活力情况下的稳定，所以这种稳定和固定是相对的、短期的。学科服务团队中的知识种群虽然是进化的最小单位，它的结构也具有社会属性，知识种群内部知识个体具有不同的形态，是团队成员在学科服务团队中分工专业化的原因造成的。

3. 知识主体群体

知识主体群体是知识生态系统中多个知识种群的集合体，可以把它看作是更大的知识种群，知识群体就是生活工作在一定环境中的所有知识种群，这些知识种群围绕同一项任务构建直接关系或者间接关系的组合体。知识群体实际上就是放大了的知识种群，当然这种放大不是简单的数量增加，它们之间的协调协作、分工配合、资源配置都是复杂多变的，需要更高层面的管理协调。在学科服务团队中，知识群落是一种常见的群体，团队内部有多个任务，可以有多个知识种群，这些知识种群内的个体可以在不同种群内工作，所以说，知识群体是一个复杂的综合体。团队内部为了完成一项学科服务工作，需要多个部门之间的相互配合，每一个部门都是一个知识种群，围绕这项任务所有相关知识种群之间相互作用、密切配合形成知识群体。高校图书馆知识主体群体示意图如图 1.5 所示。

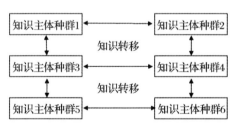

图 1.5 高校图书馆知识主体群体示意图

图书馆知识服务团队作为一个组织整体，内部分工明确，组织机构常态化运行，作为相应职能的知识群落分为：资源建设服务知识群体、技术支持服务知识群体、学科用户培训知识群体。这些群体支撑团队的正常运行，保证学科服务团队提供源源不断的知识产品共享给用户。资源建设服务知识群体的工作是基础、是整个团队的主导、是整个团队成功与否的保障，体现整个团队的站位和发展方向，主要建立与用户的交流沟通机制，获取用户的基本信息、学科信息、市场动态、信息需求等资料，建立用户学科信息库，针对市场发展动态、用户学科需求，为团队收集知识资源和人才资源，做好团队基础性的、保障性的工作。技术支持服务知识群体是为知识生产和共享提供技术支持，主要负责知识生产的计算机、网络、数据库等设备和学科信息服务平台的建设、维护和更新改造，提供围绕知识生产、流转的所有要素的技术支持和运行保障，保证高校图书馆学科知识生态系统的顺利运转和高效利用。学科用户培训知识群体负责培训现有用户，挖掘培养潜在用户，提高用户的信息素养、专业素养和文化素养，缩小团队和用户在知识结构、专业信息储量等方面的差距，使用户能够熟练掌握从信息服务平台获取知识资源的能力和方法，提高知识资源的利用效率。针对潜在用户，学科用户培训知识群体宣传学科服务团队的服务理念和服务内容，激发他们对学科服务的需求。

图书馆知识主体主要具有以下几个特征：第一，现在性与未来性。高校图书馆用户分为传统的用户和新加入的用户，他们现在已经是用户了，这就是知识主体的现在性；还有一部分有服务需求但未明确服务方向或内容，或者对团队了解不够、对服务内容未完全认可，尚未成为正式用户的潜在用户，但有成为用户的基本条件和潜在需求，他们代表知识主体的未来性。高校图书馆学科服务的目的之一就是要不断扩大服务市场、扩大用户群、扩大社会影响力。针对潜在用户加强密切的沟通交流、宣传培训可以将潜在用户发展成为用户。第二，虚拟性和现实性。高校图书馆知识主体分为到图书馆实际寻求服务的实体用户和网络上的虚拟用户。实体用户多数是本校的老师和学生，也有通过互联网服务的网络用户，虚拟和现实用户都不是纯粹的，许多都是兼顾的。第三，临时性和永久性共生。互联网环境下，很多知识主体是临时性的、阶段性的，很多是遇到临时性任务或事情，一旦舆情过期，这些知识主体就会消失。还有一部分主体是在高校图书馆的某些服务中保持永久性的主体，如图书馆传统服务中持有借书证的读者用户。

知识主体在高校图书馆中发挥着越来越重要的作用，它们的地位越来越被重视，随着科技进步不断涌现出越来越多的新产品、新技术，学科服务团队凭借众多的技术和手段使学科服务越来越移动化、智能化，改变的不仅是传统的用户和读者，也包括传统意义上的图书馆管理和服务人员，作为知识主体的人有了越来越多的机会和平台发挥个人的主观能动性，动态转变人员角色，在不停地角色转换中不断提升个人的知识素养，促进高校图书馆服务模式由被动服务变为主动参与形式，更加深入地融入用户学科项目研究的全过程，真正体现了知识主体的价值，知识主体在高校图书馆知识生态系统中发挥着至关重要的作用。

（三）高校图书馆知识生态系统——知识技术

知识技术是高校图书馆学科服务团队的立队之本、发展之源，没有知识技术，所有的知识资源就是一堆文献资料，无法变成可以增值的知识产品。高校图书馆知识技术是指知识活动的过程中所使用的一切技术，它们贯穿于知识流转循环的全过程，包括知识的收集、挖掘、整理、加工、分类、分析、组织、存储、检索和评价等技术，知识技术只有和知识主体一起才能发挥更大的作用，功能才能达到最大优化、完全释放，才能体现出自身价值。学科服务团队在新媒体环境下只有依靠知识技术才能把杂乱无章的海量信息整理、提炼、生产出知识产品，是高校图书馆学科服务团队开展学科服务的重要保障。它是网络技术、移动技术、知识组织技术、数据管理技术、数据库技术、用户交流沟通技术、用户信息管理技术等集成优化的产物。这种集成体是逻辑的、有机的，所以又称为技术生态。高校图书馆知识技术示意表如表1.2所示。

表 1.2　高校图书馆知识技术示意表

知识技术	获取	互联网、学校内部网、学校外部网、数据挖掘、搜索引擎、维基平台、专家访谈、RSS（信息聚合）、面对面交流、新媒体
	表现	概念地图、知识地图、博客、维基平台
	传递	学校内部网（Intrenet）、虚拟社区、E-mail、电子公告板、网络会议、群件技术、即时通信工具
	存储	数据仓库、知识库系统、文件管理系统、万维网、专家系统

（四）高校图书馆知识生态系统——知识环境

知识生态系统需要在一定的环境下才能"生存"，高校图书馆知识环境是高校图书馆知识生态系统得以构建的前提和基础,是保证知识和知识流转运行的"温床"。一般分为知识文化教育、知识产权保护、知识制度建设、知识经济策略四个方面。高校图书馆知识环境是社会环境的组成部分,是构成和产生知识所需的一切自然和人为的因素,它是通过构建移动环境下稳定的高校图书馆知识生态系统,组织、引导知识收集、整理、发现、创新、创造、共享的所有要素的总和,这些要素只有在知识生态系统中才能发挥知识生产和流转的作用,围绕知识流转运行的方方面面涵盖了高校图书馆的内外环境和社会的环境,包括知识活动的物质条件、技术手段、知识主体的生活环境和社会环境等在内的与知识有关的一切环境。高校图书馆学科知识资源组成如图1.6所示。

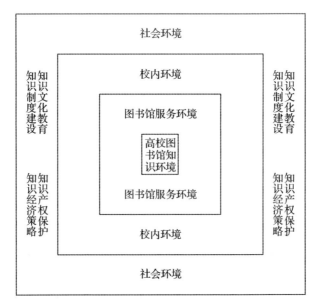

图 1.6 高校图书馆学科知识资源组成图

高校图书馆的知识环境是随着社会环境的变化而变化的,是社会知识环境的组成部分,是由高校图书馆学科服务团队和用户共同营造出来的。良好的知识环境首先为学科服务团队的知识生产创造了发展的温床,不仅可以孕育、创造出丰富的学科知识共享给用户,也可以培育出互动良好的用户阶层,还能培养和锻炼学科服务人才,壮大学科服务团队,加快知识生产,促进知识技术研究,同时利用优秀的学科知识培养更多的学科专业人才,不但可以服务于专业领域，也可以服务于学科服务团队，所以知识环境是为知识生产、流转服务的，它直接服务于知识主体、学科知识资源和知识技术等因素，它促使知识技术不断更新、不断创新知识增值、不断提高学科服务水平，促进学科服务能力不断地发展进步。新媒体环境下的知识环境在服务于知识的过程中不仅给高校图书馆学科服务带来了冲击和挑战，也带来了新的机遇。

知识环境是知识价值创造的前提和基础，没有知识环境就没有知识生态，就不可能生产增值知识，它们是互惠互利的、共同生存的、互相促进的关系，知识增值的产生不是无序的，它是在知识环境下产生的，产生价值的知识才会带来利益和效益，才有可能被用户接受；同时，知识价值对于知识环境有着巨大的影响力，它能促进知识环境更加优化。外部知识环境对高校图书馆知识环境的影响力同样是巨大的，它可以促使知识环境良性循环，保持知识生态系统循环渐进的发展势头，保证了知识的生产、传递、共享的稳步推进、良性运转，保证了知识客体价值的体现。图书馆学科服务团队的学科服务是以知识共享方式进行的，它的内外部环境是围绕知识共享而存在的，是知识共享过程的重要物质保障，也是整个学科服务体系的文化保障。高校图书馆学科服务团队知识共享的环境分内外两部分，它们在保驾护航的同时也会影响发展，它们之间存在着作用力与反作用力的关系。外部知识环境主要是社会环境因素，包括社会政治、经济、文化、法律等各个方面，这些因素不但影响知识共享环境，也影响着知识主体的进步空间、影响着学科服务团队的发展方向和学科服务的市场需求。团队内部知识环境主要是内部环境因素，就是为知识共享准备了什么样的条件和因素，打造了什么样的氛围，如知识共享氛围、馆员自身的社交网络、硬件条件等。在知识环境的保护下，高校图书馆学科服务正在利用多种多样的传播、传递方式打造图书馆学科服务自己的多媒体知识共享平台，可以更加快捷、更加方便地和用户进行知识交流和知识共享，提高了学科服务的质量和水平。

三、高校图书馆知识生态系统构成要素之间的相互作用

对知识生态的研究是为了解析内部各要素的结构和各要素的作用，力图

通过解析、研究、寻找知识生态系统和谐发展之路。高校图书馆知识生态系统是一个有机的整体，它是由各个要素通过一定的关联度构建而成的，它的各个要素之间有着千丝万缕的联系并相互作用，这种相互作用、相互联系是通过种种桥梁纽带将它们密切联系在一起的，其中起到桥梁和纽带作用的就是知识流转，通过知识在不同要素之间的流转，既保证了系统的整体性，也使各要素之间保持了密切联系。在这个过程中，知识主体和知识技术的作用是不可替代的、关键性的，它可以使任何两个知识生态因子之间产生作用力和反作用力，进而发生联系。

（一）以知识主体为中心的相互作用关系

知识主体是活动的人，"牵一发而动全身"，知识主体的一举一动都会影响知识生态系统的各个组成要素，刺激它们产生作用力和反作用力，进而发生联系。以知识主体为中心的知识生态系统各构成要素相互作用模型如图1.7所示。

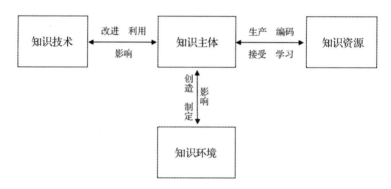

图 1.7　以知识主体为中心的知识生态系统各构成要素相互作用模型图

知识生态系统是以围绕知识流转为中心构建的生态系统，知识流转是连接不同知识主体的桥梁和纽带，是维持知识生态系统正常运转的原动力，激励知识主体发挥主观能动性，支撑知识主体之间的关系运转，促进它们之间相互作用、相互影响，调节它们之间的平衡关系，促进各要素相互作用、相互影响。它可以满足不同主体对于知识的不同需求，保持整个系统的活力，使不同知识主体达到取长补短、互惠互利、共同生长的平衡关系状态，共同维护、维持知识流转的顺利运行。知识主体可以改造因子，通过因子的变化影响其他要素变化，同时其他要素也会反作用于知识主体，改变知识主体在知识流转运行中的作用。

1. 知识主体与知识资源的相互作用

图书馆学科服务过程中的知识资源是基础，有了知识资源才会有知识主体进行知识共享和操作，否则就会出现"巧妇难为无米之炊"的状况，有了知识主体就激活了知识流转程序，可以运用计算机技术和网络技术收集、整理、加工、生产、存储、传递、共享知识。图书馆学科服务团队中成员利用自己的经验和技术将个人的隐性知识变成显性知识，这种新知识的需求市场首先是在团队内部，通过信息服务平台共享给团队和其他成员；将无法显示的隐性知识一对一、传帮带传递、共享给其他成员，这种方式在某种意义上超越了单纯的知识共享，带有人类情感色彩的成分，这也是知识生态系统区别于自然界的生态系统的地方。

其他成员在接受到知识后通过自身理解转化为自己的知识或者创造出新知识，应用于学科服务的知识创造和共享。知识主体的知识素质高低和能力大小各不相同，这些会直接影响知识的生产、传递和共享的全过程，也会影响整个学科服务团队的整体水平和对外形象，影响用户对知识的吸收和运用，影响知识价值的体现和学科服务的效果，也会影响图书馆学科服务团队的服务能力。同时知识主体也离不开知识资源，需要不断吸收新知识，知识主体的知识结构和知识素养会直接决定知识主体在知识流转过程中的地位和知识主体作用的发挥，体现出知识主体的价值和影响力，影响知识主体的"前途和命运"，影响完成学科服务任务、知识共享任务的程度和质量。知识主体也需要不断学习，淘汰旧观念，通过学习和接受培训可以不断更新知识、改变知识结构，接受新理念、掌握前沿理论，充分调动主观能动性，创造更多、更好的新知识，为学科服务团队服务。团队成员通过不断学习新的知识，结合前沿理论和先进理念以及专业最新相关的知识，形成自身特色的新知识带入团队学科服务的研发中去。所以，知识资源是进行学科服务的基础，知识主体是灵魂，它赋予知识以新的功能、新的"生命"，经过信息服务平台的运行和知识资源的共享体现新知识的价值。

2. 知识主体与知识环境之间的相互作用

生态系统研究的就是人与自然的和谐统一，人与环境是相互对立又相互统一的关系，人作用于环境，不论对环境是否有利，环境都会有一种反作用回馈到人，它们之间是相互作用和相互影响的关系，同样的理论引申到图书馆知识生态系统中也是可行的、正确的，作为知识主体的团队成员与团队内外部的知识环境之间同样存在着相互影响、相互作用的关系，这种对立统一规律贯穿整个知识流转的全过程。一方面，作为知识主体的团队成员，他们的行为时刻都影响着知识环境。学科服务团队成员可以制定、调整、修改相关的内部知识管理制度，也可以根据团队内部的知识需求和管理需要，针对出现的问题制定相关的制度和措施，改变内部知识环境。另一方面，知识环境也会影响知识主体，知识主体是在合法的状态下从事活动，他们的活动和行为受到国家的制度、行业的规章等法律法规和制度的约束；同样他们的活动和行为也受到团队内部制定的政策制度的约束和规范，按规矩做人，按制度做事，科学的管理制度可以激发队员的工作积极性，提高团队学科服务的效率。

3. 知识主体与知识技术之间的相互作用

高校图书馆学科服务的过程就是知识主体创造知识的过程，它是在不断发展和变化的，知识主体发挥的能动作用就是不断地更新、创造和提高知识技术。知识主体通过开发各类知识系统，针对市场上已经成熟的系统、软件和技术进行科学管理、合理配置资源，进行知识收集、整理、创造和存储等技术创新和研发活动，创造出高附加值的新知识，不断促进知识技术在知识共享过程中的应用，激发知识技术的进步动力和发展空间。另外，知识技术的研究和应用，不但改变了知识主体的知识结构，也给知识主体带来先进的理念和启发，新技术的利用进一步提高了知识共享的利用速度，提高了学科服务的普及面和影响力。

（二）以知识技术为中心的相互关系

知识技术为新媒体环境下学科服务提供了技术支撑作用，进一步促进了知识生态系统各构成要素之间的相互作用，以知识技术为中心的知识生态系统各构成要素之间的相互作用模型如图 1.8 所示。

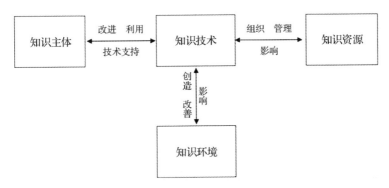

图 1.8 以知识技术为中心的知识生态系统各构成要素之间的相互作用模型图

1. 知识技术与知识资源之间的关系

科学技术的发展带来了革命性的改变，知识主体有了更加广阔的途径和手段去收集、整理、创造知识，学科服务团队用更加先进的手段管理团队、组织学科服务研究，大大提高了知识组织手段，知识管理更加科学合理，知识生产更加快捷高效。新媒体环境下高校图书馆学科服务团队的运行模式，首先借助计算机技术、数据库技术或者多媒体技术收集图书馆和外部网络资源，将零散的、碎片化或非结构化的知识进行知识的组织、整理归类，这些都是建立在技术支撑下的活动和行为。新媒体环境下一切都发生了革命性的变化，知识资源如果不借助知识技术将很难完成学科服务的任务，更不用说发挥知识的力量和作用了。在新媒体环境下的图书馆学科服务过程中，只有通过信息服务平台才能把图书馆的知识资源呈现给用户，得到用户的认可。在知识迅速发展的时代，无论谁都无法离开新媒体的环境，只有利用新媒体技术，知识主体才能快捷高效地进行知识组织和共享。知识资源的管理和组织在使用了多媒体后会根据自身的需要对技术提出新的要求，这同样会刺激知识技术的发展，进一步满足知识管理和组织的需求，它们之间在相互作用、相互影响、相互促进的关系下共同发展和进步。

2. 知识技术与知识环境之间的关系

高校图书馆知识生态系统运行所使用的新技术不都是知识技术，为了知识流转而研发和应用的技术才是知识技术，知识技术只有在知识环境的保障下才能发挥出更大的作用、体现出更高的社会价值。创建知识环境离不开技术支持,它是知识生产、传递和共享的重要保障,现如今随着科学技术的不断进步,计算机技术、云计算技术、网络技术和移动技术日新月异,新媒体环境呈现出复杂性和多样性,知识技术的进步使技术支持变得日新月异和纷繁复杂,知识环境也变得越来越复杂多变。随着知识技术的进步,不断涌现出更多的工具和平台为学科服务。知识环境也会反作用于知识技术,新媒体带来的知识技术在知识环境中生存和发展必然会刺激知识技术的改进和创新,使知识技术更加适合知识环境下的知识流转运行,同时外部大环境的变化同样会刺激知识技术研发资金的投入,加快研发速度,创造出更加先进、更加适合知识生态系统运行的知识技术,以适应社会生态环境的发展变化。它们之间在相互作用、互利共生的关系下共同发展和进步。

(三) 知识生态链是高校图书馆学科服务团队的重要组成部分

生物生态链是由能量在不同生物物种之间的流转形成的链条,同样延伸而来的信息生态系统中的知识生态链,则是知识在不同信息人之间的流转从而形成了信息生态链。新媒体环境下高校图书馆学科服务的知识生态链,对内是团队成员之间通过不断进行知识的传递和共享来完成学科服务任务,依靠知识流转形成链式依存关系。对外学科服务团队的学科服务输出就是不断进行知识的生产、转移、消费和分解活动,与消费者形成知识生态链条。因此,新媒体环境下图书馆学科服务的知识生态链是指由知识生态系统中的知识流转形成的,各种知识主体之间互利共生形成的链式依存关系,共同促进知识生态系统循环渐进的良性发展。

高校图书馆学科服务的具体执行者是高校图书馆学科服务团队,它也是高校图书馆知识生态系统的重要组成部分,学科服务知识生态链也是整个知识生态链的组成部分,它也有着主干链和支撑链共同组成的架构,主干链是骨骼,是构成整个生态链的主体部分,是由知识主体通过知识流动相互作用构成的。支撑链是血肉、是支撑主干链运行的,通过知识流动与知识主体交互作用保障主干链运行。学科服务知识生态链的主干链和支撑链是一个不可分割的整体,各个因素在这个整体下互利共生、共同打造完整的知识生态链,完善和提高学科服务团队的学科服务质量。高校图书馆学科服务团队知识生态链如图1.9所示。

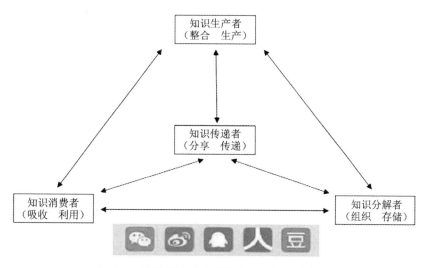

图 1.9　高校图书馆学科服务团队知识生态链

1. 知识主体是知识生态链形成的关键因素

知识主体作为最高智能和执行者，在新媒体环境下高校图书馆学科服务团队中起着主导作用，只有人才需要知识，有需求就会有市场，会产生知识的生产、传递和共享，具备了这些条件才能构建知识生态环境，才能更好地服务用户。所以，知识生态链中起主导作用的是知识主体，人的主观能动性发挥着不同的作用，影响着整个生态链。知识消费者的需求是原动力，没有需求就不会有生产的动力，它也是知识生态链形成的不可或缺的重要因素。图书馆学科服务团队成员也需要不断学习新知识，有些成员或因为专业知识不足，或因为经验不足，需要大量相关的知识，才能支撑完成学科服务的任务，就会借助信息服务平台主动向其他馆员寻求帮助学习知识，或者通过网络学习知识，也可以获得其他馆员的传帮带分享知识。同样，为了团队的整体素质提升，为了更好地达成一致意见，顺利地完成学科服务任务，知识主体也会主动共享知识，在团队内部实现知识的共享和传播。

2. 知识资源为生态链形成提供动力

知识资源是知识生态系统的基础、是知识共享的客体，没有知识资源的学科服务就是无源之水、无本之木，所以也就不存在学科服务，图书馆学科服务团队也是依靠知识资源、占有知识资源才能进行学科服务，这是基础，也是根本，没有知识资源就像没有原料的生产工厂，是不可能产出产品的，同时知识也是保持核心竞争力的重要资源，创造新知识能力的高低在一定程度上决定着学科服务水平的高低，没有高端知识即使是科技水平再高也生产不出高水平学科服务产品。学科服务消费者的知识需求是原动力，没有需求就没有市场，也就没有生产者，有了消费者的需求，才会刺激学科服务活动的产生、发展，进而产生学科服务的行为。知识主体之间可以通过知识发生关系，它们之间是平等互利的伙伴关系，共同推进知识生态系统循环运转。另外，由于知识环境的变化，知识生态系统也会随之改变，知识的流转也会发生变化，知识消费者的知识需求也会变化，知识生产者面对新变化、新要求，要生产出符合要求的新知识，也需要变化，丢掉过时的旧知识，学习新知识、新技能改变自身的知识结构和知识存量，同时也刺激其他人员进入新一轮的新知识学习，这种互利共生、相互影响、相互促进的变化不断地重构知识生态链以满足用户的知识需求。

3. 学科服务的内外部环境的协调作用

学科服务的"内外环境"实际就是图书馆学科服务团队内部生态环境和外部生态环境，它们是知识生态链不可或缺的重要因素，关系着学科服务的成败。学科服务知识环境在各要素的支撑作用下构建知识生态链，为了用户的需求制造新知识用以在信息服务平台上知识共享。同时，外部环境不停地影响着学科服务团队内部生态环境，不断约束和激发团队在社会生态大环境下努力完成学科服务任务，更好地营造知识共享环境。团队利用新技术、共享信息服务平台等外部资源，同样对外部环境起到促进作用，促使科技和环境为团队知识开发提供更加便捷实用的技术。

4. 知识技术是知识生态链形成的基础

知识技术是知识生态系统形成运转的基础，也是知识生态链形成的基本要求。在网络技术和移动技术的普及下，传统的图书馆一改过去被动服务的模式，开始主动寻求服务，学科服务应运而生，知识技术为图书馆学科服务提供了更加便捷的技术和支撑，尤其是在新媒体技术日益强大的情况下，知识生态链构建才有了形成的基础。知识技术的发展为知识收集、整理、加工、存储、传递、分享提供了技术支撑和保障，用户也借助于新媒体可以随时随地在信息服务平台上获得知识和沟通交流。新媒体环境下计算机技术、网络技术和移动技术的出现和发展也为图书馆学科服务提供了实现的保证和更好的平台。通过利用新技术、新手段，可以更快捷地生产出新知识，促进知识流动和知识循环的良性发展，维护知识生态系统的平稳运行，促使学科服务知识生态链更好地运行，并取得更好的效益。

四、新媒体环境下图书馆学科服务团队的知识共享网络拓扑结构

高校图书馆学科服务借助计算机技术、网络技术和移动技术构建知识生态环境下生态结构，利用新媒体技术和工具的侧重点不同，决定了知识交流、共享和转化过程方式的不同，形成的知识网络结构就会纷繁复杂、类型不同，图书馆学科服务团队为了完成学科服务任务，会组织内部不同部门人员协同完成任务，不同部门的人员就是不同的节点，他们在整个结构中起着稳定作用，知识的流转带动知识共享活动的流动性，形成知识主体之间的交叉链条，各链条相互影响、相互促进，共同完成知识流转运行。高校图书馆学科服务团队为了提升成员的整体水平，首先要保证内部成员之间知识共享、互动、创新的顺利进行，建立的学科知识共享网络，是为了统一团队人员的意见、共同提高知识水平、合理配置和利用知识资源，建设和谐统一的学科服务团队。高校图书馆学科服务团队知识共享网络类型分为几种常见的拓扑结构形式。

（一）星型拓扑结构形式

星型拓扑结构形式是所有节点通过点到点的方式连接到一个中央节点上，每个点都与中央节点相连，中央节点负责分别向目的节点传送信息。中央节点是集中点、总控制，负责处理纷繁复杂信息和管理控制，其他各节点只是与中央节点的信息交互。同样，高校图书馆学科服务团队的星形网络结构指的是利用新媒体技术平台进行学科服务的过程中，以团队的技术平台为依托，学科服务团队平台控制中心向所有的成员传递知识。高校图书馆学科服务团队及成员在新媒体环境下的团队开发建设的平台上，利用依托网络技术、移动技术的微信、微博等新媒体工具向中央节点进行信息交互，以此获取共享知识所形成的网络结构。星形拓扑的特点是控制简单、故障诊断和维

修容易、便于服务、效率高。但由于节点的所有信息都需要通过中央节点控制，造成中央节点负担重，易造成全面瘫痪，其他节点间的交流能力不足。高校图书馆学科服务星型网络拓扑结构示意图如图 1.10 所示。

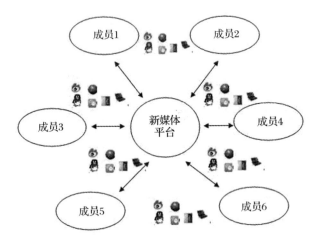

图 1.10　高校图书馆学科服务星型网络拓扑结构示意图

位于中心的知识源是团队用以进行学科服务任务的平台，它是团队的管理中心，所有成员作为知识消费者团队内部成员，所有成员直接和控制中心连接，成员之间需要控制中心中转才能实现连接，每个成员都可以获得知识共享和进行信息交互。学科服务团队位于知识共享网络中心控制点，对整个网络执行集中式控制管理，它可以实现对每一位成员的管控。团队成员既可以作为知识生产者将生产的新知识上传存入团队控制的知识库，也可以作为知识消费者向学科服务团队提出知识需求，再由信息服务平台中心控制点负责进行知识传送。团队成员之间也可以通过中心控制点互相沟通、交流，可以从不同知识节点获取所需要的知识。

（二）总线型拓扑结构形式

总线型拓扑结构是指将所有的节点都连接到一条线上，总线型网络是由于连接简单成为最常见的网络拓扑结构之一。每两个相邻节点都是直接相连。它的特点是连接简单、成本低，构架比较灵活。但也存在易堵塞、故障难判断、实时功能差等问题。新媒体环境下高校图书馆学科服务总线型拓扑结构是指图书馆学科服务团队成员和成员之间、用户和用户之间依靠团队新媒体平台为依托，利用多媒体工具进行相互交流沟通、进行知识共享而形成的线性的链式网络结构。高校图书馆学科服务总线型拓扑结构如图 1.11 所示。

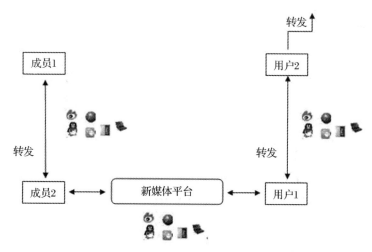

图 1.11 高校图书馆学科服务总线型拓扑结构示意图

在知识流转和共享的过程中，各知识主体之间不再需要通过团队的控制中心就可以实现点对点的交流，在链式结构上可以轻易实现两点一线的知识交互，没有了控制中心的中转，交流更方便、更直接、更快捷，同样也可以直接与团队控制中心进行连接，进行知识共享和交流。链式结构上的每一个节点都是一个传递环节，不能越过一个节点传递到下一个节点，每个节点都是传递者，对于前一个环节来说它是接收方，是消费者，对于后一个环节来说它是传递方，是生产者。这些连接的线构成总线型拓扑结构。这种点到点的连接方式，既满足了私下交流，也满足了直达中心，线上传递速度均匀，每一点都有不同的连接获取知识，总线型拓扑结构知识网络由于结构简单、故障率低、易于扩充，不用经过数据控制中心的转换，传播的速度得到提高。

（三）Y 型拓扑结构

知识共享的 Y 型拓扑结构是为了解决团队内部成员管理和外部用户交互便捷而采用的拓扑结构模式。它把中心控制点设在团队内部和用户之间，是星式结构与总线型结构的集合体，选取两个结构的长处，避免不足之处的一种知识共享网络方式。在团队内部各成员之间使用星式拓扑结构，有利于内部管理，对内各成员之间不能单独联系，必须经过控制中心中转才能实现链接，便于中心与成员的沟通交流。团队成员作为知识生产者可以直接将生产的知识上传到团队控制的知识库，避免中间环节出现问题，也可以作为知识消费者向学科服务团队提出知识需求，再由信息服务平台中心控制点负责进行知识传送。对外部用户则实行总线型拓扑结构，这样就实现了很多知识源都汇总到团队中心控制点，由团队统一整理包装发送到知识共享平台，然后再通过用户一级级共享传播下去。既保证了内部管理的科学性，也保证了外部用共享知识的便捷性、用户之间交流的快捷性，是学科服务中最常用的一种网络结构。高校图书馆学科服务 Y 型网络拓扑结构示意图如图 1.12 所示。

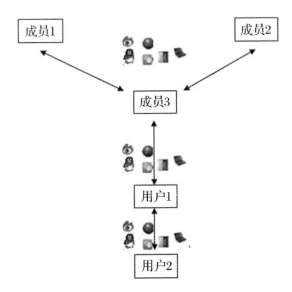

图 1.12 高校图书馆学科服务 Y 型网络拓扑结构示意图

（四）网状拓扑结构

网状拓扑结构是指各节点互相连接起来，并且每一个节点都与其他两个或两个以上节点相连接。它的特点是可靠性较高，传输途径可选择，资源共享更容易，控制手段更加智能有效，但其结构复杂，费用较高，管理和维护较难。同样，知识共享网络网状拓扑结构是知识网络各节点通过点到点的相互连接形成，由于每一个节点都可以与至少两个节点相连，知识的传递可以由多条路径沿着不同方向在节点间穿行，信息传递可选择的途径就有无限可能，中心控制点相对控制较难，各节点可以在不同的传播对象中形成相应的关系，知识生产者有了更自由的发挥空间，也有了更多的选择和途径随意传递知识，知识接收者也有了无限可能，它们都可以自由穿行于网中，任意与其他节点关联。高校图书馆学科服务网络网状拓扑结构示意图如图1.13所示。

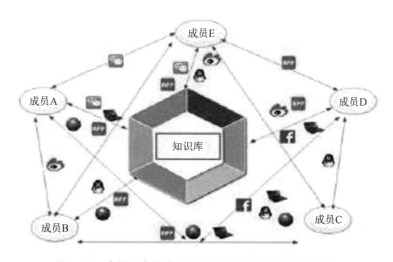

图 1.13　高校图书馆学科服务网络网状拓扑结构示意图

如图1.13所示，学科服务团队及成员在网络网状拓扑结构中运行，所有成员都可以借助多媒体工具多节点、多渠道进行链接，及时获取知识共享，中心控制点控制能力减弱，成员之间存在错综复杂的关系，生产者、传递者和消费者界限变得模糊，它们不必通过中心控制点实现多节点之间相互作用和联系。有利于成员内部之间开展知识的交流与合作，在更深层次上达到沟通统一，更好地进行学科服务。

第四节　新媒体环境下高校图书馆知识生态系统结构

高校图书馆知识生态系统的各要素之间都是相互关联的，彼此之间存在着相互联系、相互影响、相互作用的关系，当它们之间建立的关系达到一定契合度时，就形成了一定的关联度，依靠相互联系、相互作用的关联度搭建并形成相对固定的结构，构建起高校图书馆知识生态系统，这样才是科学的、能发挥相应的生态功能的生态系统构建。

一、高校图书馆知识生态系统要素内部结构

要素是知识生态系统的基本组成单位，它的内部结构是指知识生态系统构成要素内部的组织结构和关系，每一种要素都是不同的，它的内部结构各不相同，主要是内部因子分布不同造成的，要素都由因子构成。因子作为最小组成单位，它们在要素内部自成体系形成一个小的系统，因子是最活跃的，他们在自成的小系统内彼此之间关系复杂，有竞争也有共生，造成了同一种要素结构也不相同。

高校图书馆知识生态系统的知识主体分别在知识流转过程中发挥着不同作用，他们是与知识生态系统有关系的所有人和组织，既可以是生态系统内部的也可以是外部的，既可以是组织的也可以是个人的，他们之间的关系十分复杂，在单次知识循环过程中按照知识的单一流向形成的单向流水结构。在多次知识循环过程中，知识的流向复杂多变，知识主体的身份在四个角色中变换，形成流向多变的网状结构。

学科知识资源分为多种类别，静态的知识资源是互相平行、互不干扰的关系，同一种学科资源被多次应用后形成交叉学科知识资源。高校图书馆知识生态系统构成要素内部结构示意图如图 1.14 所示。

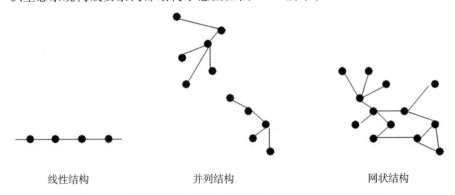

线性结构　　　　　　　　并列结构　　　　　　　　网状结构

图 1.14　高校图书馆知识生态系统构成要素内部结构示意图

由于生态因子的分布不同造成各要素的内部结构也多种多样，呈现出不同的动态变化，这种结构的动态变化是受外界影响和内部竞争共同造成的，但也是有益的，这种变动的活力在知识流转过程中可以起到积极的作用，既活跃了环境，也促进了知识生产速度的加快、质量的提高，是知识生态系统运行所必需的，它能够保障生态系统循环渐进地发展，促进知识共享的良好运行，而新媒体环境下这种动态变化的重要性和必要性被放大了，更具有活力了，它能够促使知识生态系统更加稳定地运行和发展。

二、高校图书馆知识生态系统要素间的结构

高校图书馆知识生态系统要素间的结构是四大要素之间形成的结构及发生的关系。每种要素都是由多因子有机组成的结构体。

四个构成要素间的结构分为并列平行结构和交叉网状结构两种。因为要素间的关系具有动态性，所以这两种结构是不固定的。两生态因子的结构在不同时间节点表现出不同的结构关系，知识生态系统构成要素间的结构变化是围绕知识的增值而展开的。

线型结构、星型结构、树型结构和网状结构等是四个构成要素间的关系结构类型，但是这些结构不是一成不变的，随着要素的动态变化，这几种关系分布状态也会互相转化。

三、高校图书馆知识生态系统结构形态

在新媒体环境下的知识生态系统中，各要素围绕知识流转相互作用、相互影响，复杂的要素间关系促使要素在运动中变化，要素内部结构和要素间结构都不再稳定、不再单纯，由时、空、序、量、构控制的要素间结构关系呈现动态结构。高校图书馆知识生态系统结构示意图如图 1.15 所示。

对高校图书馆知识生态系统来说"时""空"是基础，"量"是提供服务的物质保障，"构"是运行的体制，"序"是要素联系在时空中的表现。新媒体环境下高校图书馆知识生态系统结构就是构成要素在时、空、量、构、序的生态关联和控制方法。

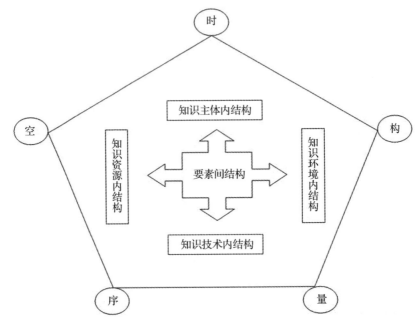

图 1.15 高校图书馆知识生态系统结构示意图

四、高校图书馆知识生态系统结构特征

（一）动态性

构成要素的存在及功能受到时间的影响都具有时效性，这就使要素间的关系处在动态变化之中。为了系统状态的稳定，在知识链搭建时，要选择关系相对稳定的要素和要素关系，它们都具有相似性的特点。

（二）稳定性

为了实现生态系统的正常运行，系统总会处于动态变化和稳定两者之间，既不能过于变化，会造成系统不稳定，也不能太稳定，会失去活力。只要随着环境的变化而变化就是最佳状态，稳定性是相对而言的。

（三）发散性

系统结构具有中心结构，并且围绕中心结构向周围次第传导，一层一层向外扩展，就像是一个不断吹大的气球，所以具有发散性的特征。

第五节　新媒体环境下高校图书馆知识生态系统形成动因

新媒体环境下高校图书馆知识生态系统建立的目的是什么，也就是哲学上的动机，动机就是内心的活动，凡事都有原因，驱使着去完成某项活动的动力就是动机。动机分为内在动机和外在动机。内在动机即需要，就是欲望，这些欲望早已扎根在人的内心深处，只要条件成熟就会表现出来。所谓的条件就是外在动机，它可以刺激内在动机。

新媒体环境下高校图书馆知识生态系统形成的动机，一是内在的需求；二是外在的刺激。二者缺一不可，相辅相成。新媒体环境下高校图书馆知识生态系统形成动因框架如图 1.16 所示。

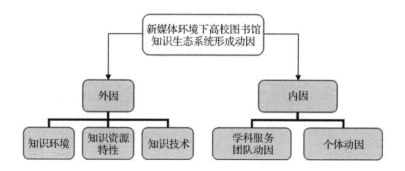

图 1.16　新媒体环境下高校图书馆知识生态系统形成动因框架图

一、新媒体环境下高校图书馆知识生态系统内在的动机

动机是人的内心活动和驱动力，只有人才具备这种能力，新媒体环境下高校图书馆知识生态系统就是由围绕知识的流转所产生关系的要素构成的，它的内在动机就是知识主体的内在动机，就是知识主体的需求和用户价值的自我实现，它们是维持知识生态系统存在的原动力。

（一）知识主体的需求

内在动机是新媒体环境下高校图书馆知识生态系统运行的动力来源，导致用户行为的原因是在知识活动过程中，每个人的知识存量和知识结构各不相同，针对某些知识，有的人有，有的人没有，没有的人需要这些知识时就产生了需求，有的人愿意输出这些知识，两者之间产生了"供需"的市场需求。用户为了满足自身的知识需求，或者为了保持其在某一实体组织或机构的核心竞争力，需要提高自身的知识存量、改善自身的知识结构，需要外来的知识补充自己的不足，当这种需求达到一定的规模，就会变成一种市场行为，学科服务活动就应运而生了。

1. 知识主体满足自身知识需求

高校图书馆知识生态系统是一个生态系统，必然要遵循生态系统的一般规律，"物竞天择，适者生存"，自然界是这样，人类社会也是这样，知识生态系统也不例外，作为知识主体的人就要有生存意识、竞争意识，有人的地方就存在竞争，这是最朴素的竞争意识，作为高校图书馆知识生态系统的知识主体，他的生存意识是要保住现有的地位，需要和团队内部的其他人竞争，其他人想要取代他的地位就需要达到他的知识存量和知识结构，需要学习知识，他要保住现有的地位就必须保持知识存量的优势，也需要不断学习知识，这样就形成了一个积极向上的竞争机制，不断推动学科服务能力的提高。

每一个知识主体经历不同、文化背景不同，必然造成知识主体之间的知识结构不同、知识存量不同，为了保持其在图书馆学科服务团队的核心知识竞争力，学科馆员之间也会进行知识学习的相互竞争，一方面，为了保住现有的地位，这是生存意识；另一方面，想要体现自我价值，这是竞争意识。团队中形成了你追我赶的良性竞争局面，需要不断学习新知识、不断产生知识需求，在促进学科服务团队不断提高的同时，也不断激发知识主体知识创造过程中的主观能动性。

2. 知识主体相互合作和完成学科服务任务的需求

自然界中的生物竞争是永恒的主题，但对整个群落来说首要任务是生存，只有生存下来，才能谈到物种的进化，要生存就需要全体成员的共同努力，大家在同一个集体里面，首先是共生共存的关系，只有共同生存下来，整个群落才有可能进化和发展。新媒体环境下高校图书馆知识生态系统就是一个群落，它生存下去的条件是生产新知识和学科服务，内部的知识主体在大环境下首先是共生共存关系，大家的目标是一致的，就是生产新知识和完成学科服务任务，为了完成大家共同的目标，所有的成员必然要互相配合、通力合作，为了提高效率和更快更好地完成任务，成员之间主动进行知识共享，实现互利共赢的目的。图书馆学科馆员相互之间共同学习和进步，缩小了知识结构的差异，实现了高校图书馆知识生态系统这个大群落的生存目标。

3. 知识主体保持核心竞争力和地位的需求

虽然在群落内部存在共生共存关系，但是对整个生态系统来说，竞争才是永恒的主题，竞争是进化的原动力、根本所在。新媒体环境下高校图书馆学科服务团队内部的竞争也会推动学科服务工作的不断进步。在学科服务团队内部，每一位成员都要面临两方面压力，一方面，必须要保住现有的地位，这是生存的需要；另一方面，想要展现自我，体现自我价值，这是竞争的压力所在。每一位成员的家庭背景不同、学历水平不同、文化素养不同，拥有的知识存量和知识能力不同，造成馆员之间存在着一定的文化差异压力，要完成相同的学科服务任务，需要不断学习新知识才能弥补这种差异和不足，这种你追我赶的竞争促使大家需要不断地学习新知识、不断地产生知识需求，通过内部、外部途径寻找知识资源进行知识的转移和分享。竞争使得知识主体保持一定的压力状态，这种压力竞争在一定的程度下促进了图书馆的学科服务工作。

（二）用户价值的自我实现

自我价值的实现是人的最高社会需求。在新媒体环境下的高校图书馆知识生态系统中，自我价值的实现就是创造新知识，满足用户需求，完成学科服务任务，这是他人对自己帮助的认可、肯定，也是自我价值的实现。这种自我价值的实现可以在短期内刺激成员发挥个人的主观能动性，持续进行满足自我表现的工作。

内在动机就是一种心理动机的驱动，是只注重内在感受，不注重外在表现的行为。营造所有成员释放内在动机的氛围，持续发挥主观能动性，这有助于开展高校图书馆学科服务活动。

二、新媒体环境下高校图书馆知识生态系统外在动机

(一) 科学技术

科学技术在日新月异的今天,科技产品已经充斥在我们生活的方方面面,达到了无处不在的地步,新媒体环境下的高校图书馆也被科学技术所包围,当今时代新媒体环境下计算机技术、网络技术和移动技术的飞速发展,高校图书馆被迫从封闭的、单一的、被动式的服务中走出来,利用计算机技术和多媒体技术为高校图书馆探寻主动服务的模式,以学科服务为宗旨构建的高校图书馆知识生态系统需要多种科学技术,经过实践探索和研究诞生的高校数字图书馆就是一种新的技术服务模式,新媒体环境下的高校图书馆知识生态系统的研究才有了方向。

当前高校图书馆无论怎样发展,都离不开科学技术提供的工具、手段和条件,任何开放式的社会机构都会在科学技术的外在动力推动下不断地发展进步。当前,我国高校正在蓬勃发展,国家的政策也在鼓励和倡导文化建设,正在大力宣传和弘扬全民学习强国,这些都会促进高校图书馆不断完善知识体系,开发特色知识资源,服务学科建设。在这样的社会发展大环境下,参与竞争的高校图书馆必然要适应新的环境、提高服务的质量和效率、增强核心竞争力和服务能力,全力构建新媒体环境下图书馆知识生态系统的稳定、平衡和发展。当前移动通信技术的发展和智能移动终端的普及,不仅为高校图书馆用户提供了软硬件的保障,而且成为新媒体技术应用的基础。新媒体技术为学科服务提供了强大的技术支持,为用户的互动和交流提供了方便,用户对新媒体技术的使用和知识的交互也展示了强大的表现欲望,极大提高了高校图书馆学科服务的效率。

(二) 奖励动机

物质奖励、表扬、公众认可等奖励是对学科服务活动具有正向影响作用的。通常认为,无论是物质奖励还是精神奖励短时间内都可以促进高校图书馆进行学科服务活动,但并不是促进高校学科服务的根本动力所在。外在动机是刺激,它不起主要作用,起主要作用的是内在动机,内在的动机才是原动力。尽管如此,外部动机仍是不可或缺的必要补充,奖励动机还是有存在

的必要性的。

（三）互惠动机

商业行为讲究互惠互利，这是生存的基本要求，互惠首先是满足心理要求，是双方能够继续的基础，在互惠中求生存。学科服务团队内部成员之间是共生共存的关系，它们生存的基础也是互惠心理，这也是内部知识共享和转移的基础。

三、新媒体环境下高校图书馆知识生态系统利导和限制因子

生态系统的形成演化是一个长期的历史发展过程，也是内外环境因素共同作用的结果，内部环境起决定性作用，外部环境起到补充作用，有时可以用来调节系统，新媒体环境下高校图书馆学科知识生态系统有时受到外部社会环境的影响较大。当国家政策、行业法规做出重大调整的时候，必然会刺激生态系统做出剧烈反应适应外部环境的变化。当系统运行出现内部不可调和的矛盾时，只有通过外部环境的干预来解决。外部环境的环境因素可以分为利导因子和限制因子，利导因子就是顺势而为的因子，就是顺应高校图书馆知识生态系统的发展而促进其发展，这些顺势而为的环境因素就成了高校图书馆的利导因子。与利导因子相反，当高校图书馆知识生态系统的发展出现过高过热自身无法调节时，需要外来环境因素力量限制其发展，这些环境因素就成了高校图书馆的限制因子。

第二章　新媒体环境下嵌入式学科服务的新型服务模式

第一节　高校图书馆信息服务职能概述

一、高校图书馆的信息服务职能

教育部 2015 年印发的《普通高等学校图书馆规程》第二条"高等学校图书馆（以下简称"图书馆"）是学校的文献信息资源中心，是为人才培养和科学研究服务的学术性机构，是学校信息化建设的重要组成部分，是校园文化和社会文化建设的重要基地。图书馆的建设和发展应与学校的建设和发展相适应，其水平是学校总体水平的重要标志"；第三条"图书馆的主要职能是教育职能和信息服务职能。图书馆应充分发挥在学校人才培养、科学研究、社会服务和文化传承创新中的作用"。文件中明确提出了高校图书馆的信息服务职能，要求图书馆积极参与学校人才培养、信息化建设和校园文化建设；积极参与各种资源共建共享，发挥信息资源优势和专业服务优势，为社会服务。

二、高校图书馆的服务宗旨

传统的高校图书馆服务模式是被动的，主要依靠已有的设备和图书资料为老师和学生提供信息服务，手段主要是收集、整理、收藏实质性的图书、报刊等资料，以图书和资料为依托被动接受师生提出的各种检索目录、参考咨询服务，为师生找到其所需图书和资料。进入知识经济时代，互联网和移动技术迅猛发展，信息交流突破时间和空间的限制，电子图书、数字资料的出现，图书馆的资料不再具有独有性和垄断性，高校图书馆要发挥作用必须紧跟时代步伐，改变过去封闭、单一、被动地为师生服务的模式，将所有的资源开发利用，建成一个开放性的、主动服务的信息平台。

时代的发展给高校图书馆提出了新的要求，高校图书馆的发展进入了飞速的快车道，但是它的宗旨没变，依然是信息服务，借助新媒体环境下的技术和手段，一方面继续收集、整理、输出知识；另一方面建立学科服务团队，针对用户的需求，研发学科服务信息向用户共享。

高校图书馆发展历程既是高校发展历程的一部分，也是社会发展历程的一部分。图书馆的宗旨就是信息服务，图书馆信息服务的发展历程也是高校发展历程的一部分，它本身就是一部社会史。高校图书馆信息服务的发展与图书馆自身的发展、高校的发展、社会进步和发展紧密相连。高校图书馆信息服务的发展是随着社会发展而发展的，跟随社会变化而不断得到完善和发展，它符合社会发展的一般规律，既有相对的稳定性，又不断发展变化。无论高校图书馆如何发展和变化，全心全意为读者服务这一始终如一的宗旨没有改变。

三、高校图书馆信息服务的发展特点

(一) 信息服务理念发展的特点

1. 知识服务的理念

当前高校图书馆已经脱离了过去被动的松散型服务模式，开始有针对性、方向性、目的性地研究开发学科服务，借助网络和新媒体积极搭建学科信息平台，为广大师生和科研管理人员提供信息服务。高校信息化服务建设伴随着数字媒体的发展壮大经历了萌芽、产生的初期阶段，现在已经进入了快速发展阶段，为了满足学科服务，改变过去被动服务的方式，图书馆需要加大研究力度、强化主动服务功能，满足用户的多层次、专业化的个性化信息需求，图书馆的学科服务团队力量不断加强，投入越来越大，在社会上的地位越来越高。

高校图书馆过去的信息服务只是以简单地向用户提供需求信息为内容的

信息传播过程，而今的知识服务则是立足于学科服务团队为用户提供学科服务为内容而搭建形成的知识生态系统，它的复杂程度是过去所无法比拟的。作为知识生态系统是围绕知识流转进行一系列知识的生产、传播、整理、更新、组织、检索、接收、存储和利用的过程，是从各种信息、知识资源中，有针对性地将知识提炼加工的过程，它的针对性和服务性更强，针对不同用户的需求，提供个性化、定制化服务。

2. 扩大培训的理念

网络技术和移动技术的发展和应用，改变了人们的生活习惯，打破了传统意义上的时间和距离的限制，使许多不可能变成了可能，超越了时空界限，人们生活在一个屋檐下、住在同一个地球村。传统意义上的信息服务和培训市场因为受到时间和空间的限制在逐渐萎缩，借助网络和移动平台的信息服务及培训市场理论上可以扩展到地球的任何地方。高校图书馆在做大服务市场的同时要站在更高的起点上规划信息服务和培训的方案，并研究制定出与之相配套的培训体系。

3. 竞争的理念

新媒体环境下互联网和移动技术迅猛发展，信息交流突破时间和空间的限制，电子图书、数字资料的出现使图书馆的资料不再具有独有性和垄断性，用户可以随时随地方便地、快捷地通过网络获取信息，高校图书馆不再是查询资料的唯一选择，失去了超然的、垄断性的地位高校图书馆被推入到市场竞争的行列，面临着被选择的局面。"穷则变，变则通"，高校图书馆虽然是被社会发展大环境逼迫进入市场竞争，但作为过去信息来源的服务主体，它有着深厚的基础条件和优势，在自己熟悉的领域可以很容易地迎头赶上，只要借助新媒体技术和手段，结合掌握的知识信息资源，就会重新站在竞争者的前列。

（二）信息服务手段发展的特点

1. "一站式"服务

在新媒体环境下，利用市场成熟的软件技术及信息平台，结合高校图书馆知识资源搭建为学科服务的知识产品。当用户提交服务需求时，所有的用户需求都通过图书馆的信息服务平台进行提交，由图书馆学科服务团队人员有针对性地完成用户的需求任务，再经过信息服务平台反馈给用户，完成"一站式"服务。

2. 即时性

新媒体环境下，利用网络技术和移动技术开发的产品和技术手段，打破了传统意义上的信息传输的时间和空间限制，微信、图书馆主页、微博、QQ 在线咨询等方式为用户提供全天候、全方位的信息服务。

（三）信息服务方式发展的特点

1. 简易化

新媒体环境下，利用网络技术和移动技术开发的软件技术及平台技术，打破了过去技术开发单打独斗的局面，高校图书馆可以利用市场上成熟的软件技术和应用平台技术，处理庞大的数据信息，将专业性强的数据处理、数据库通过现成系统得到解决。通过信息服务平台将信息输出，用户只需要方便、简单的操作就可以获得所需要的信息。

2. 商业化

新媒体环境下的高校图书馆打破了传统意义上封闭的、被动式服务，将所有的资源开发变成一个开放性的、社会性的、主动服务的信息平台。它走出高校面对的是图书馆不同类型的用户，市场行为需要商业化的运行机制，图书馆的高投入需要高产出，高产出需要高回报，这符合市场规律。

3. 个性化

新媒体环境下，高校图书馆针对用户的不同需求提供针对性、个性化的信息服务，面对不同用户的不同需求，迫使图书馆的信息服务向着更加专业化方向努力，针对不同用户的不同需求，图书馆要开发出不同的服务产品以满足用户的需求，产品越来越向着个性化、精品化的模式发展。

四、高校图书馆信息服务的发展阶段

图书馆的信息服务经历了传统文献的信息服务、复合图书馆信息服务、数字时代图书馆信息服务阶段，正在向泛在图书馆（随时随地）服务阶段发展。

20 世纪 70 年代，计算机作为管理手段被引入图书馆进行目录检索，能够为读者更快地找到所需要的书目，标志着图书馆服务脱离了纯人工状态，开始进入自动化发展的初级阶段。在这一阶段，图书馆计算机管理集成系统开始投入使用，其基本模块是图书采购、编目、流通、期刊管理、书目查询等，初步实现了让读者利用计算机查找所需资料和图书业务的自动化管理，一些图书馆还建立了计算机协作网络，如联机编目网络等。各个国家和地区开始制定自己的目录标准，开发目录查询索引管理系统。

20世纪80年代中期，随着计算机网络技术的发展，图书馆开始使用局域网为用户服务，提供网上信息。80年代末，图书馆开始使用CD-ROM光盘数据库作为存储介质，为用户提供信息服务。90年代初，互联网信息服务兴起，图书馆服务也随之实现网络化、数字化，进入数字信息服务时代。数字图书馆服务呈现出一系列的新特点：①馆藏文献数字化；②面向用户的服务模式；③服务功能的拓展；④开展专门化、个性化服务；⑤走向集成化信息服务；⑥便捷的可存取性；⑦馆员角色的转变。

2003年6月，美国国家科学基金会举办了名为"后数字图书馆的未来"的研讨会，众多与会专家对数字图书馆发展10年的成果和问题进行了总结，并探讨了未来10年的发展目标和研究方向，提出了数字图书馆的未来目标——创建泛在知识环境（Ubiquitous Knowledge Environments，UKEs）。泛在知识环境下，数字图书馆也呈现出新的特点：基于网络传递信息资源和服务；全天候、全方位服务，没有时间和空间的限制；开放获取；能够动态地、无缝地提供异质信息；能够提供多语种服务；能够为全球用户提供服务。可见，"泛"概念的提出，标志着现代信息服务体系的形成。图书馆利用自身的优势和服务功能，开发并推广全方位、全天候的信息获取服务方式，用户可以利用各种终端享受"一站式服务"的功能。

2010年11月，时任国家图书馆馆长周和平在接受《人民日报》记者采访时说，我们对图书馆的认识要与时俱进。要彻底改变以前图书馆的收藏和社会教育职能，把图书馆变为没有围墙的图书馆，实现用户足不出户就可以享用图书馆的信息服务。随着互联网和移动信息网的快速发展，这个愿望已经成为现实，人们在日常生活、工作、学习中，如果有信息需求，可以通过随身携带的数字化设备来进行信息查找。我国从20世纪90开始开展数字图书馆的建设和研发工作一直到现在，用户只要通过智能手机、平板电脑、便携式笔记本等智能移动终端就可以使用图书馆的知识资源，新的信息服务时代到来了。图书馆服务发展示意图如图 2.1 所示。

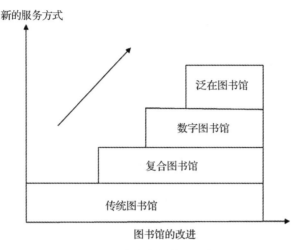

图 2.1　图书馆服务发展示意图

泛在网络既指随时随地、无处不在的网络，也指任何地方、任何时间都可以接收网络的移动客户端。它具有全时性、全面性、开放性、无空间性、统一性、包容性等特点。泛在信息服务就是在数字化服务的基础上，通过互联网和移动终端，利用新媒体环境下的平台技术、网络技术、数据库技术等多元化的立体信息资源，为用户提供全方位的、多元化的信息服务。

泛在网络环境下的信息服务方式包括移动信息服务、个性化信息服务、信息网格服务、流媒体信息服务等。可以说，泛在信息服务不仅表现为技术层面无处不在的信息网络、设备终端，更是将信息服务嵌入到用户的工作与生活中。

泛在信息理论为新媒体环境下嵌入式学科服务奠定了坚实的理论基础。

第二节　高校图书馆学科服务

一、高校图书馆学科服务的内容

图书馆学科服务伴随着数字媒体的发展壮大经历了萌芽、产生的初期阶段，现在已经进入了快速发展阶段，为了满足学科服务，改变过去被动服务的方式，图书馆需要加大研究力度、强化主动服务功能，满足用户的多层次、专业化的个性化信息需求，图书馆的学科服务团队力量不断在加强，投入越来越大，在社会上的地位也越来越高。

新媒体环境下的高校图书馆利用过去在图书资料、文献资源和信息资源等方面的资源优势，根据用户市场的需求，结合网络技术和信息资源平台开展针对性的学科信息服务，针对不同用户，不断开发出适合不同用户需求的信息产品，提供个性化服务，形成统一的服务体系，为用户提供"一站式"的服务。

二、高校图书馆学科服务的转型

学科服务是建立在数字图书馆"大数据"技术环境下的服务方式。

"大数据"事实上不仅代表数据量大，而且主要是指采集、整理、应用数据的工具、平台和分析系统。它体现的价值不是数据的大小，而是在于对数据的应用，如何将纷繁复杂的数据根据用户需要整理、提炼出有针对性的、满足用户需要的个性化产品，这才是大数据的真正价值。

在大数据时代，高校图书馆面对的问题是如何充分利用占有的信息资源与网络技术和移动技术密切结合，利用数据处理的工具、平台和分析系统，针对读者和用户的需要，提炼、开发出有针对性的个性化服务产品，利用网络共享平台提供学科服务。

(一) 转变服务理念

传统高校图书馆以组织馆藏资源为用户提供信息服务，对自己馆内资源无法对应和满足的用户排除在服务范围之外；充当目录功能，习惯性地把用户需求简单地等同于文献检索，把图书馆服务局限于根据用户的明确需求才能提供出明确的文献，对于不清楚、不明确的用户需求以及无法用文献来表达的用户需求等，传统图书馆则无法提供服务。

在大数据背景下，高校图书馆已经被迫参与到市场竞争的行列，过去被动的、单一的、封闭的服务已经被淘汰，如何借助图书馆现有的信息资源和信息渠道，更好地完成用户的需求成为图书馆生存的目标要求，市场规律促使图书馆转变思路改变被动服务的理念，以主动服务向市场要效益，充分挖掘自身资源，同时利用外部各方面的资源，满足不同用户的需求，刺激用户释放其潜在的隐性需求，不断扩大图书馆的影响力。

（二）更新服务内容

在大数据时代，图书馆固有的资源已经不再是信息资源的主流，大量数字化数据、半结构化数据和非结构化数据的出现，使得高校图书馆可以占有更多的知识资源，突破过去知识来源的局限性，在某种意义上可以将全社会开放的知识资源共享，目前高校图书馆主动开展各种形式和服务内容的信息服务，改变了过去简单的资料检索服务模式和内容，针对用户不同的学科知识需求，图书馆在不断地丰富信息资源，从知识环境、知识技术等各方面保障了学科服务的顺利进行。

（三）拓展服务方式

新媒体环境下高校图书馆传统的、被动的、单一的服务已经不能满足新时代的高校师生和科研管理人员的信息需求。为了发展和生存需求，图书馆已经彻底改变了过去传统的被动式服务方式。目前已经有些高校开始研发、构建以围绕学科服务为中心的高校图书馆知识生态系统，利用各种成熟的网络信息平台、微信、QQ 以及移动客户端等手段，不断提高高校图书馆的社会影响力，吸引更多的用户参与进来，力争把高校图书馆知识生态系统做大做强。

三、高校图书馆学科服务创新服务模式

高校图书馆作为学校的信息资源中心，成立之初就已经有了明确的目标，为学校教学活动和科研工作提供信息服务。一方面，努力收集图书文献等信息资料，是文化知识和信息的收集中心；另一方面，依托所收集的资源提供信息服务，是用户进行知识结构的自主更新与优化的重要平台。在新媒体技术环境下，高校图书馆信息来源渠道越来越多，越来越方便，在收集大量数据的同时，高校图书馆开始改变简单的检索服务，利用占有的大量数据，运用计算机技术、数据库技术、数据处理系统等技术手段，利用大数据从海量的数据中攫取满足用户需求的学科知识信息。

(一) 配合学校教学需求和发展，建设课程教参资源库

高校图书馆在新媒体环境下运用现代化的手段针对用户的需求提供有针对性的、个性化的服务，作为学校教学科研的信息保障和支撑单位，首先面对的是高校教学的教材，现代办学思想决定着高校培养专业化的优秀人才，最基本的因素就是教材，依靠内容陈旧、多年不变、市场购入的教材，再优秀的老师也无法教出专业特点突出、理论先进的优秀学生。高校要想打造出业内领先的学科，教材就必须具有前瞻性、学术性、系统性、目标性，单靠过去的个人或者是个人组织的松散团队很难完成，它必须依靠先进的设备、大数据处理的手段、具有时效性和前瞻性的大量信息资源，这就要求必须有一支目标明确的专业化教材编写团队，这正是高校图书馆学科服务团队所要服务的内容。它可以根据高校学科建设的中长期规划，结合教学人员的要求，利用所收集的教学资源数据库，运用大数据手段，协助教材编写团队编写出适合本校学科建设和人才培养的教材。依靠高校图书馆知识生态系统构建的知识资源数据库，逐渐开发研究出适合不同师生需求的教材教参资源库。

(二) 开发校园信息资源，建立各类特色资源库

高校图书馆在新媒体环境下构建的知识生态系统，在满足高校教学科研和信息服务的前提下，作为一个开放的系统，它面对的用户群体复杂多样、需求也会各不相同。作为市场化运作的服务输出者，它在满足用户需求的同时，为了增加用户和扩大影响力，必须要根据学校的性质和专业特色开发出带有自身特点的学科服务信息平台。高校图书馆知识生态系统所包含的内容纷繁复杂、多种多样，也可说是包罗万象，作为服务对象的广大师生不但是用户，而且也是这一系统的积极参与者，收集学校信息资源，介入校园文化生活，既可以丰富学校教学科研资源，也可以建立学校特色资源库，提高校园信息资源的利用率，扩大学校和图书馆的社会影响力。

1. 讲座资源

我国经济的发展带动着全国高等教育行业的迅猛发展，各大高校规模不断扩充，专科院校升本科，本科院校升综合性大学，许多高校从办学范围上都已经难以区别，如何建设特色学科，在众多同类院校中脱颖而出是许多高

校亟待解决的问题。许多高校在不断增加学生规模、建设特色专业的同时，也不断加大和营造内涵建设的力度，引进知名教授、长江学者、泰山学者、千人计划等人才，聘请客座教授定期讲课、讲座，搞国际学术研讨会等方法和措施以提升学校学术层次、营造学术氛围，学术讲座就是其中的有效措施之一。举办各种讲座本身就是高校快速接受和了解高端、前沿学术的有效手段和常用措施，在高校师生中有着广泛的基础、备受欢迎和关注，它给师生带来的学术前沿理论以及高层次的学术视野拓展都对师生有着重要的意义。

讲座资源对师生而言都是十分重要的，既是学术借鉴，又是知识升华，更重要的是讲座内容中包含着讲述者个人的智慧结晶，可以使听众在思想上得到启迪，开阔师生的研究思路，是高校非常宝贵的智力资源。这些宝贵资源对学校来说不能是一次性的消费品、随意流失，应该是宝贵知识资源，要很好地加以保护、保存。

高校图书馆是学校文献信息收集和保障的服务中心，讲座资源也是学校文献信息的组成部分。图书馆具有讲座资源收集、整理、存储入库和应用开发管理的责任，应高度重视对讲座资源的管理工作，加强对讲座资源的深度开发和信息服务平台的应用管理。讲座资源开发与共享一方面作为学术资源可以丰富图书馆的特色资源库，进一步提升学校的影响力；另一方面作为共享资源突破了时空限制，可以使更多的人共享讲座，既发挥了讲座的作用，也提高了学校的知名度。

2. 视频资源

在新媒体环境下，视频资源越来越多，内容更是纷繁复杂，视频以其视觉和声音的双重冲击给受众留下深刻的印象，声情并茂的视频资源越来越受到用户的喜欢。不论是学术报告、讲座，还是多媒体课程，视频的声情并茂可以很好地把听众带入当时的环境中，感受到主讲人的个人魅力，与观众一起产生共鸣，达到传统手段所无法达到的效果。

针对视频资源管理和开发利用，高校图书馆应该把这个问题上升到关系学校发展方向和发展空间的高度来看待，因为新媒体环境下资源共享越来越广泛，必定会打破教师在课堂上对学生授课的模式，现在高校教师资源已经非常紧张，正处在一个量变到质变的过程，再进一步就会打破平衡，到矛盾不可调和的时候，只有改变才能解决问题。所以高校应该抓住现在着眼未来，开始在视频资源上下功夫，研究视频教学和教师授课之间的科学分配，充分发挥视频资源的教育性、学术性、权威性、时效性、知识性等特点，使之成为高校教学的有效补充和有力支撑。另外，发挥视频的娱乐性、适应性、知识性的特点，将高校图书馆知识生态系统打造成为具有权威性、学术性和寓教于乐的知识共享平台，不断扩大高校的影响力。

3. 图片资源

过去传统的书籍、报刊资料中，除了画报、摄影等书刊外，绝大部分书籍都是以文字形式呈献给读者的，很多时候作者用了大量的文字描述和说明都难以使读者对事物有一个直观的印象。数码科技和智能电子产品，为我们带来了海量的图片资源，图片资源能够形象、准确地反映某一地区社会生活的图形资料。图片资源因为具有客观性，所以与其他类型的文献资源相比能够以更加直观、具体、生动的视觉形象给人以视觉冲击。现在图片资源的数量巨大、题材繁多，又具有分散性、易失性，使得图片资源急需收集和管理。

高校图书馆一方面应立足于学校本身历史和发展的需要，把学校发展中的重大事件、教学与科研、学术交流及重大活动等图片资料作为学校历史性资料加以整理、开发利用；另一方面对收集到的一些老照片、珍贵记忆图片、拓片资料等进行加工整理，形成系统化的、有特色的、便于利用的特色资源库，进行有效的管理和开发利用。

4. 微信、微博等社交工具

在新媒体环境下，各种社交软件的应用使得每个人都能成为知识的创造者，通过高校图书馆知识生态系统提供的社交平台，大家可以自由发挥、发表个人看法，不同的社交圈形成不同的社交人群，大家在交流相同的问题时智慧的火花在无数次的碰撞中显现，可以给其他人以启迪，同一个社交圈的人群更容易达成共识，学校老师之间、学生之间、老师和学生之间可以形成不同的社交群体，不同的群体之间都有交集，群体内可以用它进行学习、教学、科研和个人知识管理，群体间还可以一起协作，这样群体之间能够零距离、零壁垒地相互汲取这些最鲜活的思想。

四、新媒体环境下图书馆学科服务的概念及特征

(一)新媒体环境下高校图书馆学科服务的概念

学科服务是为了满足用户需求,是高校图书馆主动改革创新的一种新型服务方式。以前高校图书馆的服务方式与现在高校图书馆相比是封闭的、被动的、单一的检索服务,在新媒体环境下,高校图书馆被迫走向开放的、主动的、针对性的、一对多的服务模式,但是这种服务依靠松散的、单一的个人无法完成,促使高校图书馆组建学科服务团队。学科服务团队作为一个组织,它是人们按照一定的目的和任务建立起来的社会机构或团体,作为团体首先要解决内部问题,是所有成员都统一到一个明确的目标下,秉承同一种理念,为了同一个任务而共同努力。所以图书馆学科服务团队在团队内部开展知识的共享和交流,通过共享和交流不但能够快速提高队员之间知识结构的相互调整和融合,同时,团队人员的知识水平也得到了不断提高。

互联网技术和移动通信技术的迅猛发展使数据库技术、数据处理系统、信息服务平台、移动终端也相应地得到了飞速发展,为开展学科服务提供了技术保障和成果展现的载体。高校图书馆的学科服务团队利用这些技术对知识进行收集、整理、分析、加工、存储和应用。

高校图书馆学科服务是伴随着知识流转的多环节过程,学科服务团队根据用户提出的需求,把自身掌握的、收集、整理的知识资源加工处理后提供给用户的过程。在学科服务的过程中,有两大活动主体,一个活动主体是图书馆学科服务团队人员,另一个活动主体是图书馆的用户,他们的知识交互平台是高校图书馆的信息服务平台,交互的内容是用户所需要的图书馆学科知识资源。其间,知识资源在服务过程中的流转形式主要有三种:

1. 从"图书馆馆员"到"图书馆团队"的流转形式

学科服务团队的馆员中,不同馆员的学识、拥有的知识存储量、自身的各种技能、工作和学习经验是不一样的。为了完成团队分配的学科服务任务,成员向其他成员寻求帮助,学习完成学科服务任务所需的技术知识或其他的经验技巧,也会提供自己的知识分享。当团队成员形成了主动分享知识的动机时,会将自身知识分享给其他成员。在学科服务过程中团队成员既可

以作为知识的提供者，也可以作为知识的接受者。

2. 从"图书馆馆员"到"图书馆学科服务团队"的流转形式

在学科服务过程中，为了提高团队成员的知识存量和改善团队成员的知识结构，会将自身的知识提供给团队，团队通过存储和组织知识资源实现知识共享。其他馆员通过信息服务平台可以学习知识，通过这个知识流转过程把个人知识转变成团队的整体知识。

3. 从"图书馆学科服务团队"到"用户"的流转形式

当图书馆用户向学科服务团队提出要求后，或者是学科服务给用户反馈信息时，都要经过信息服务平台，利用新媒体技术把知识资源传递给用户，完成学科服务活动。

（二）新媒体环境下高校图书馆学科服务的特征

新媒体环境下图书馆学科服务是一个复杂的、人工的系统网络服务结构，也是一个知识生态系统，依靠知识主体、知识资源、知识技术、知识环境四要素的共同作用，合作完成。具体来讲，学科服务具有以下特征：

1. 整体性

在学科服务的过程中，用户所需要的知识资源首先被收集在一起，经过系统地加工，再经过信息服务平台提供给用户。这个过程运行是依靠各要素之间的关联度联系在一起，共同构成了一个有机整体来完成的。各个要素之间相互联系、相互作用、协同工作，它们之间关联度的变化会带来整个系统的变化，影响学科服务的效果。学科服务是在本身的自变量和外界多变量的共同作用下完成的复杂活动过程。

2. 泛在性

泛在就是突破了时空限制，无时不在、无处不在。在数字资源中，由于文献载体已经从纸质存储发展到电子文档、各种音频和视频文件等。所以，伴随着新媒体环境下网络技术和移动技术的广泛运用，用户可以随时利用移动客户端获取所需要的数字资源信息。由此可见，新媒体环境是以"泛在"为核心特点，在泛在环境下的高校图书馆学科服务也同样具有泛在性。

3. 互动性

高校图书馆的学科服务是通过信息服务平台"一站式"服务完成的，它既可以供用户交流使用，也可以为用户提供信息共享服务。在共享服务中，不但可以供用户共享，还可以为学科服务团队内部成员共享；它的交流可以是服务团队与用户之间交流，也可以是团队内部交流，还可以是用户之间交流。与用户的交流是确保学科服务充分、高效进行的前提条件。新媒体环境下的泛在性使得信息可以实现实时服务，用户可以及时反馈学科服务中存在的不足，以便于高校图书馆学科服务团队可以更好地、及时地了解用户的需求变化，及时更改学科服务信息和内容，激发用户的主观能动性。

4. 动态性

互联网时代，高校图书馆被看作是一个知识生态系统，它是具有生命力的，是时刻变动着的。这种变动是无处不在的，团队的成员之间、成员与用户之间都在不停地进行着知识的共享，他们之间的交互作用会引起知识因子的变动，知识因子的变动会影响知识共享过程的变动。知识资源不断地被整合、加工、处理，它本身就是在不停运动和变动着的，知识共享总是处于从平衡到打破平衡，再复归平衡的动态过程。另外，用户的更迭、队员的更替都会加大学科服务团队学科服务的动态性。

五、图书馆学科服务国内外研究现状

（一）图书馆学科服务的国外研究现状

学科服务是社会生态环境的组成部分，它随着社会的发展而发展，新媒体环境下高校图书馆学科服务伴随着多媒体技术的兴盛而兴起。美国卡内基梅隆大学图书馆第一个提出"学科前沿的跟踪服务"的概念，高校图书馆学科服务方式开始正式出现。这些年随着网络技术和移动技术的进一步发展，高校图书馆学科服务也蓬勃发展起来，在国外很多高校已经发展成熟，开始系统地提供学科服务。国外学者在图书馆学科服务团队的组建、学科服务的模式等方面做了大量的研究，并将研究成果运用到实践当中去，积累了丰富的实践经验。

1. 学科服务的内涵及学科馆员制度研究

学科服务是高校图书馆在新媒体环境下利用计算机技术和网络技术为用户提供系统的、针对性信息服务。第一个推出"跟踪服务"是学科化服务的是卡内基梅隆大学图书馆，首次提出"学科前沿的跟踪服务"的概念，然后俄亥俄大学图书馆推出了"网络馆员免费导读"服务模式，这两所大学是最早推出学科服务的典型代表。学术界开始对学科服务提出了不同的理解，有些学者认为学科服务是高校图书馆信息服务遵循历史发展规律而必然出现的新模式。图书馆应该根据不同学科的特点而设立学科服务的模式，这样才能为不同学科的用户提供更符合要求的服务。艾琳·亚伯（Eileen Abels）和丽贝卡·琼斯（Rebecca Jones）在 2003 年提出了自己的新观点，认为应当把用户放在首要位置，把为用户提供获取知识、创新知识的服务放在首位。

学科服务的概念提出后，国外一些大学的图书馆纷纷开始实践探索学科服务模式，美国和加拿大是率先实行学科馆员制度的国家。在美国，第一个实行学科馆员制度的高校是内不拉斯加林肯大学图书馆，经过多年的实践，已经形成了完善的学科馆员制度。对于学科馆员概念的理解，大体有两种观点：一种观点认为学科馆员应该参与用户的教研行为，嵌入教研的整个过程；另一种观点认为学科馆员应该具有相当丰富的学科知识，能够为某一学科的用户提供专业水准的信息服务，包括对专业文献的选择和评价服务。

2. 学科服务技术及平台构建研究

高校图书馆之所以能够提供学科服务取决于两点，第一，高校图书馆拥有先进的、完善的设施或技术手段。第二，高校图书馆能提供前沿的、全面的专业信息。如果高校想要推广这种服务，首先要有过硬的学科服务信息，才能吸引用户寻求服务；其次要不断与用户沟通交流，随时掌握用户需求，不断改变自己的服务内容。这些功能的实现完全依赖学科服务平台。国外高校图书馆在进行学科服务时，首先注重设施的投入和技术应用，其次要全力打造和建设先进的学科信息服务平台。

在建设高校信息服务平台时，可以采用"拿来主义"的方式，把相关的技术研究构建到图书馆的信息平台中，借鉴使用外来技术，把信息平台的服务功能做大、做强。只有这样，用户通过使用信息服务平台，才能实现提升学科服务的服务质量和服务水平。在学科服务的过程中，图书馆信息服务平台首先应该满足原有的传统服务手段，还应该在新的技术环境下不断探索、开发、使用新的服务模式，以适应社会发展的潮流。随着互联网、移动通信技术的发展，高校图书馆还可以通过信息服务平台，跨媒体整合信息资源，提供多种服务方法，如嵌入式、自助式、个性化服务等多种服务方式以满足用户的不同需求。

3. 高校图书馆学科服务的内容评价研究

高校图书馆学科服务团队以知识收集、整理、分析、创造、存储和共享为任务，以提供知识共享为服务内容，它的主要价值体现为为用户提供的学科服务，所以对高校图书馆学科服务的评价主要是服务内容评价。国内某些学者构建了图书馆学科服务的评价体系，包括用户、学科馆员、信息资源库、知识库、知识服务平台、学科馆员服务平台还介绍了美国某些高校图书馆的应用情况，提出了优化学科服务管理的管理措施。

4. 高校图书馆学科服务的影响因素研究

高校图书馆学科服务是以知识流转为纽带和桥梁，以围绕知识生产的各要素为节点，由高校图书馆搭建起来的知识服务系统。学科服务的过程是运动的、有生命力的，它时刻受到各种因素的影响而不断地发生变化。Tian M. 基于模糊综合评价法对影响大学图书馆学科服务的因素进行分析，提出学科服务的影响因素包括学科领域的合作态度、学术人员和图书馆员对技术的教学。L. Yan 等（2014）分析了博客服务质量的影响因素，建立了主题博客学科服务的评价指标体系，进行实证分析。

（二）图书馆学科服务的国内研究现状

受计算机技术、网络技术、数据库技术和移动通信技术等科学技术以及社会生态环境的影响，国内学者对学科服务的研究较晚，高校图书馆学科服务的实践探索刚刚起步，国内的研究很多是借鉴国外的研究成果。1998 年，清华大学图书馆首开学科服务的先河，引入学科馆员制度。自此之后其他高校图书馆开始尝试学科服务模式的实践探索，先后建立学科馆员制度，学科服务在国内进入起步阶段。用户之所以需要图书馆提供学科服务，一方面缺乏大型的专业化设备和技术手段处理数据提取用户所需的信息；另一方面缺乏专业团队分析前沿学科信息，还没法做到把握学科的发展方向，无法总结归纳某一领域前沿的学科专业特点。目前，我国高校图书馆还存在着一些不足，如专业化设备的投入不足，专业化系统软件开发不够成熟，专业化人才的引进滞后，专业化运作的学科服务团队尚未成立或虽然成立但经验不足，用户群的市场培育缺乏吸引力和动力，使得学科服务难以满足学科用户的信息需求。现在已经有一些高校图书馆尝试建立学科服务团队，国内学科服务的相关研究主要有：

1. 图书馆学科服务团队建设研究

目前，我国高校图书馆学科服务正处于由馆员向服务团队开展学科服务工作的转型期，对于适合我国高校学科服务团队的定义、功能定位和组织架构还在研究当中。一批最早的学者借助于欧美高校学科服务团队的经验，开始研究探索适合我国的高校学科服务模式。2005 年，成兆珠提出应该组建学科读者服务团队，并且阐述了组建原则、建议和价值意义。2010 年后，国内学者对学科服务展开了深入的研究，颜世伟、付佳佳、莱梅等一些学者开始对学科服务团队进行了新的诠释。付佳佳等（2011）结合某些高校学科服务的创新实践活动，提出了健全图书馆学科服务机制和优化学科化服务团队的建设模式。万文娟（2015）认为，当前国内学科服务在人员、制度和管理等方面存在很多问题，针对存在的问题，提出了意见和解决的方案。

2. 图书馆学科服务团队的服务模式研究

我国高校图书馆学科服务团队的服务模式应该立足高校学科建设规划和科研人员的科研团队结构模式，针对专业人才引进滞后的问题，在学科服务团队的构建上打破图书馆框架，动态吸纳相关专业人才，采用内外兼收、刚柔相济的管理模式。范翠玲等（2014）提出了基于岗位设置的学科服务团队的学科服务模式，她认为对服务团队人员采取动态管理的方法，采用绩效考核的办法优化服务管理。

3. 图书馆学科服务团队的组织管理研究

高校图书馆学科服务团队的服务受到高校和社会环境双重因素的影响。如何组织管理好学科服务团队关系到是否能够及时根据客户的需求提供针对性的个性化服务，真正为高校的学科建设提供理论支撑和信息支持，为社会用户提供所需的信息服务。耿向博等（2014）针对地方院校图书馆学科服务团队的组织策略进行了探讨，王静等（2012）针对高校图书馆个体馆员智力向学科服务团队组织智能管理转化过程，提出学科服务团队组织智能管理实施策略，力争有效提高 Web 环境下高校图书馆学科服务团队组织的服务能力。

4. 图书馆学科服务团队的服务评价研究

服务评价是对高校图书馆学科服务团队提供的服务信息内容进行科学评价。楚存坤等（2015）利用层次分析法构建了图书馆学科服务能力评价模型，杨彦春构建了高校图书馆学科馆员服务评价指标体系，试图改进学科馆员制度。

（三）国内外研究现状述评

图书馆学科服务经历了一段时间的发展已经初见成效，学科服务正在由单一馆员向团队合作的形式转变，学科服务团队是以用户学科知识需求为导向，开展学科服务创新服务为宗旨的团队服务形式，力争满足用户的不同需求。目前，国内学者对于图书馆学科服务团队的研究主要停留在团队的组建和服务模式的探讨层面。

当前新媒体环境下的网络技术和移动技术为图书馆学科服务提供了较好的工具和平台，图书馆学科服务不再是传统的、单一的信息服务模式，而是以学科服务团队针对不同用户的不同需求提供信息服务。对作为学科知识生态系统的图书馆学科服务，从知识生态的角度进行探索和研究的人员很少，从新媒体环境下探索和研究图书馆学科服务的研究几乎没有。

目前，对图书馆知识生态系统的研究大多数停留在构建图书馆知识生态系统的理论研究阶段，对于构建知识生态系统的构成要素以及构成要素相互间的关系研究也多数停留在理论方面，把知识生态系统的理论研究付诸实践方面的研究还不足，应该把理论与实践联系在一起进行深层次的探索。

第三节　高校图书馆嵌入式学科服务体系构建

高校图书馆用户的信息需求一般没有统一的标准，是多层次、多元化的。图书馆学科服务面对的是高校师生、科研管理人员，不同用户的需求会因为身份的不同而不同。学科服务没有高、低之分，只要按用户需求实行嵌入式学科服务体系，完成用户的任务就是学科服务的最终目标。

一、高校图书馆嵌入式学科服务的产生背景

新媒体环境下高校图书馆受到时代的冲击，被迫改变过去封闭的、单一的被动式服务，利用网络技术和移动技术构建学科服务团队对用户提供个性化的、针对性的学科信息服务。随着网络化和数字化信息技术的发展，e-Science 环境、e-Learning 环境，以及学术信息交流环境都发生了根本性的变化，传统的图书馆服务内容和服务方式已经不能适应数字信息环境下用户信息需求与用户信息行为的变化，图书馆正逐步走向被边缘化。高校图书馆的信息服务是社会大环境的组成部分，它随着社会的发展而发展，随着科技的进步而进步，为顺应数字信息环境变化高校图书馆变被动式服务为嵌入式学科服务，由传统服务形式逐步向个性化、知识化、学科化服务形式转变。

嵌入式学科服务流行于 20 世纪英美大学图书馆，是一种基于以大学为对象由高级专门服务人员进行对口服务的学科馆员服务模式，60～70 年代，学科馆员服务模式达到了较为普及的程度。1998 年，我国清华大学图书馆正式引入学科馆员制度，标志着我国高校图书馆开始进入了学科服务时代。2006 年 6 月，中国科学院文献情报中心建立了学科馆员制度，对科研人员正式开始一对一嵌入式服务。

嵌入式学科服务是一种以用户为中心，以需求为驱动，需要学科服务人员参与用户教学与科研管理工作，嵌入用户工作过程，是一种针对性的、深度融合的个性化服务模式。嵌入式学科服务重点在嵌入，如何嵌入是手段，嵌入用户学科信息空间和科研项目全过程，利用学科馆员的专业知识，加强与用户的沟通交流，消除图书馆与用户之间的隔阂，真正成为项目团队的一员，在双方共生的工作氛围中，为用户提供随时随地的全方位服务。

嵌入式学科服务贯穿于科研用户科研的全过程，嵌入不是简单的介入，而是全力以赴的融入，不仅提供辅助类的宣传、咨询、培训等基础服务，而且提供优化用户信息环境、专题信息定制和学科态势分析等针对性、个性化、深层次服务，为科学研究提供有力的信息支撑。

（一）传统服务的不足

新媒体环境下网络技术和移动技术飞速发展，信息传输广泛普及，它打

破了时间和空间的限制，通过网络平台获取信息越来越便捷，信息内容可以涵盖所有领域，信息量越来越大，逐渐成为全社会获取信息的首选。高校图书馆的服务被极大地削弱，进入图书馆接受其传统服务的人数越来越少，高校图书馆越来越成为自习教室，传统的图书馆服务模式已经不适应用户的需要，迫使高校图书馆在新媒体环境下寻求新突破，构建新的服务模式，重新占领服务市场。在新媒体环境下传统服务仍然存在一些问题：

第一，传统服务是单一的被动服务、"坐等上门"服务。图书馆传统服务方式多采用面对面、一对多、一对一的普信制信息服务方式，所提供的服务内容是图书馆馆藏的内容。

第二，缺乏主动服务意识。图书馆传统服务是被动式的、缺乏驱动力的服务，由于对图书资料的相对垄断性决定了它不可能有主动服务意识，没有外来冲击可以改变它。在新媒体环境下的今天，多媒体技术已经改变了我们的生活方式，一提到信息大家首先想到的是到网上去查询，很少有人想到去图书馆查阅。资源服务方式的无中心化，彻底打破了图书馆的"垄断地位"，图书馆过去的服务已变得可有可无，面对用户行为实际化、现实化，个人服务需求的多样化、复杂化等特点，图书馆信息服务被迫改革服务方式。

第三，服务手段落后。新媒体环境下传统服务不能提供便捷的信息共享平台，用户获得信息的渠道不够畅通；不能及时与用户沟通交流，及时准确地了解用户需求，提出切实可行的解决方案；不能针对不同用户的不同需求提供针对性、个性化服务。

第四，服务功能不够完善，服务对象不够全面。传统服务所提供的服务是单一的"检索服务"，主要是图书借阅、文献检索、文献传递、参考咨询等内容，面对用户行为实际化、现实化，个人信息需求的多样化、复杂化，无法提供定制的、个性化的服务。服务对象是针对来馆的读者，不能向社会各阶层、各领域的人群提供信息服务，也不能对学校的学科建设提供信息支撑。

第五，没有建立真正的服务与被服务的关系。图书馆提供传统服务的主体与服务对象之间的关系是松散的、没有约束力和吸引力的，不是密不可分的协作关系，彼此之间没有有效的沟通和交流，难以提供针对性、个性化服务。

（二）用户信息需求的演变

首先，图书馆用户需求内容的演变。人对事物的认知是随着时间的改变和实践的深入而不断发生变化的，用户的信息需求也是随时发生改变的，图书馆传统服务中馆员与用户的沟通与交流不畅通，造成馆员不能随时了解用户需求的变化，提供的被动式信息服务随着时间的变化已经不适合用户需求，完全依靠用户自己区别判断，失去了服务的本意。跟踪式、嵌入式的信息服务变得越来越迫切。

其次，图书馆用户信息需求行为的演变。新媒体环境下，用户更喜欢借助网络技术和移动平台终端设备在线检索和获取信息，到图书馆借书，劳时费力翻阅书本式的查找信息已被淘汰，即使找到了也可能是过期的信息。对于高校图书馆来说，利用新媒体技术，收集、整理、分析知识资源，运用平台技术共享知识才是图书馆服务的现实根本所在。

二、高校图书馆嵌入式学科服务的理论基础

嵌入式学科服务，是把学科服务嵌入到用户的教学和科研的过程中，是一种融为一体的服务。"嵌入"（Embeddedness）意指一种事物嵌套到更大的实体或环境的一种状态。有文献记载，"嵌入"概念最初是由人类学家波兰尼（Polanyi）于1944年在《大变革》一书中提出来的。他认为，人类经济嵌入并缠结于经济与非经济的制度之中。美国斯坦福大学教授马克·格兰诺维特1985年在《美国社会学刊》上发表了《经济行动与社会结构：嵌入问题》一文，标志着学术界正式引入嵌入理论。目前，在许多领域都在开展嵌入理论实践工作，作为图书馆领域，也进行了有关嵌入式服务的理论研究和实践探索。2005年，南康涅狄格州立大学图书馆的远程教育馆员就提出"嵌入式图书馆员"的概念，嵌入式图书馆员则是提供对图书馆员自己和图书馆资源更好的利用。大卫·休梅克（David Shumaker）指出：无论称为"知识分析员""现场馆员""信息专员""场景馆员""嵌入用户的服务馆员""项目信息专家"或其他什么，如果你的日常工作是参加一个团队、社区或组织单元，为其提供知识和信息服务，那么你就是在图书馆以外提供服务的

嵌入式馆员。

图书馆的嵌入式服务在理论上的突破体现在多个方面。

（一）嵌入式学科服务重新定义了图书馆的概念与性质

嵌入式学科服务改变了过去的被动服务方式，主动与用户进行无缝对接、融入用户工作中去，进行全方位、全天候的信息服务，目前图书馆已经把服务的场所从图书馆转向教室、实验室、办公室及虚拟办公场所，把服务的时间扩大为 24 小时，只要互联网和通信条件允许，图书馆信息服务平台可以提供即时服务。图书馆这种服务方式体现了以用户为中心的服务意识的彻底改变。

嵌入式学科服务是图书馆在新媒体环境变化的形势下做出的适应性选择。图书馆就是为用户服务而设立的，没有用户的图书馆就不能称为图书馆，所以改变图书馆服务策略是适应用户需求的改变而改变的一种必然要求。嵌入用户过程，提供嵌入式服务，是用户需求的结果，也是对图书馆服务的重新认识的结果。

高校图书馆的嵌入是高校学科建设发展的必然需要，也是教学、科研的需要。"重新定位图书馆和信息工具、资源和专长，以便嵌入教学、学习和研究工作中"，图书馆只有实行嵌入才有自己的作用和贡献力。"如果我们真的想用户在哪里我们就在哪里，并且以用户为中心，就需要嵌入。嵌入式服务是我们职业的未来的重点。物理图书馆作为科研、学习和团队合作的场所将继续起到重要作用，但随着电子资源的增加和技术能力的提高，图书馆和图书馆员融入用户之中（办公室、实验室、家里乃至移动设备）正是所谓的嵌入的要点。"

我们常说我们处在信息爆炸的时代，图书馆作为信息服务的服务者必然要成为信息爆炸的操控者，否则就不符合信息服务提供者的称谓。图书馆要避免被边缘化，在信息服务领域占有一席之地，就必须与所服务的对象保持高度的关联。在图书馆的传统服务模式中，电话、电子邮件是与用户进行沟通交流经常使用的方法，并没有做到嵌入用户的工作场所，图书馆员的地位和角色只是在图书馆和用户之间的联络员，图书馆的知识资源没有经过馆员的专业知识而深加工后转化为用户所需要的新知识。只有完全支撑科研和教学的嵌入才是真正的嵌入。所以，只有走进用户的工作环境，参与到用户的工作、科研或管理的过程中，才可能随时为用户实行全方位的嵌入服务。这种嵌入式的学科服务不仅有助于用户的工作，而且对于学校决策工作也具有重要的指导意义。

（二）嵌入式学科服务适应了用户的潜在本质需求

图书馆的立馆宗旨就是服务，不论是过去还是现在都没有改变，通过提供满足用户需求的服务来体现它的价值，发挥它的作用，而能否满足需求的前提是对用户需求的了解和把握，不了解用户的需求绝对提供不了满足客户需求的服务。传统的图书馆服务是被动地等待读者上门接受服务，没有建立经常性沟通交流，缺乏深度的交流和接触。嵌入式学科服务要求建立学科服务人员与用户之间的密切合作关系，要全身心地深入用户的每一个工作环节，发现并满足用户潜在的需求。

在国外，嵌入式服务已经被学术界和图书馆界所接受，并且成为图书馆界一种新的发展方向。嵌入式图书馆员作为合作者的身份，或者直接参与研究团队，成为研究团队的组成成员，伴随着整个研究工作的全过程。这种图书馆员与用户科研过程全谱段的合作性质随研究性质和科研人员的需求而不同，但通常都是直接将图书馆学的实践与原理应用于科研过程之中，将图书馆学的专长转化为用户的能力。

嵌入式服务与用户全过程、全方位融合，但它的服务作用还是信息服务，嵌入式学科服务的价值在于能为用户及时提供重要的知识资源，提前发现用户的潜在需求。服务内容主要有：对于用户的需求提供深度的研究与分析判断；提供专业学科的行内最新资讯情况，尤其是独家新闻；随时了解工作人员及团队的工作情况，通过会议、决策和文案获得工作的进展及研究情况，有助于随时开展嵌入工作的时实服务。

嵌入式服务与用户全过程、全方位融合，一开始就以合作者的身份，或者直接合作成为研究团队的有机组成部分，伴随着整个研究工作的全过程。可以随时随地掌握用户因时间和环境的变化而带来的需求变化，并及时根据需求变化调整服务的内容。

（三）嵌入式学科服务确立了图书馆员与用户之间的合作关系

传统的学科馆员与用户之间的联络关系（Liaison）是松散型的，两者之间缺乏频繁的交流与互动，无法准确掌握用户的真正需求，更不能掌握随着时间和环境变化而变化的动态需求。随着时代的变化，这种以前的联络关系势必被取代，新的技术时代将会在图书馆馆员和用户之间确立新型的服务关系。在嵌入式学科服务过程中，为了提高服务的效率，图书馆学科服务人员走进院所、走进教学一线、走进科研场所，全力配合用户的需求，嵌入流程、嵌入过程、嵌入阶段性任务以及最终的研究报告等，把图书馆的知识资源尽可能地"请上战场"，发挥其应有的作用。在嵌入式学科服务的过程中，由于交往比较多，馆员与用户的关系会越来越近，有利于日后的交流和合作。

作为图书馆的执行者，图书馆员不可能脱离用户的支持而存在，所以图书馆员与用户（教师、学生、科研人员）是相互依存的合作关系（Collaboration），从早期的检索、选书（Selextion）到后来的指定教学参考书服务（Reserve），都存在着合作关系。但此前的这些合作是初级的、单一的、松散和浅层次的，真正意义上的合作是由于需求和被需求的关系把图书馆学科服务人员与用户联系在一起，服务的关键是嵌入，而且双方知识主体的合作是多维的，不只是知识资源的服务，还有信息素质教育培训、数据库的使用方法等，这些都是服务的内容。因为图书馆关注了用户的需求，所以促进了馆员与用户的紧密联系而成为伙伴关系。

嵌入式服务模式是推动图书馆员展现其作为信息专家的特长，通过各种方式展现出来，从而对用户的工作产生直接而深刻的影响。嵌入式服务使图书馆员从支撑角色转变为与用户之间的伙伴关系，只有这样才能真正发挥图书馆知识资源的优势，才能体现图书馆员存在的价值。实践证明，嵌入式服务改变了图书馆在社会和学校的服务形象和地位，真正在服务市场中站稳了脚跟，树立了图书馆和图书馆员的崭新形象，赢得了用户对图书馆以及图书服务团队的认可和肯定。

（四）嵌入式学科服务颠覆了图书馆中介理论基础

传统理论认为，图书馆是中介机构，图书馆员是文献与用户之间的中介，图书馆员依托图书资料信息，坐等用户上门，根据用户提出的要求，告知有或没有其需要的信息资料，并将现有的资料提供给用户。这样的理论深深地影响着我们每一位图书馆员，因为在印本和物理图书馆时代图书馆员别无选择，"中介"理论是由当时的科技手段和物质手段决定的，虽然它具有历史局限性，但在当时条件下是正确的，用户也别无选择。

现在科学技术和信息环境发生了巨大的变化，越来越多的用户倾向于通过移动客户端信息服务平台获取图书馆的知识资源，可以不再步入图书馆的服务人员获取信息。与图书馆传统的纸质文献相比，电子期刊、电子书的随时阅读更符合用户的需求。对今天的图书馆而言，图书馆中介的功能被弱化。因为用户可以自己完成读书、阅览、查询借阅和还书的情况，这些简单的操作在手机或笔记本上就可以完成，所以作为中介存在的馆员在这方面存在的意义并不大，相反，在学科服务方面，图书馆馆员的地位却是不可被小觑的。图书馆馆员所依仗的优势就是信息服务，转变角色，以学科服务专家的角色与用户建立工作联系，以协同合作的身份融入用户的工作、学习、科研或者管理，嵌入用户工作学习的整个过程，把图书馆的知识资源和各种信息提供给用户，为用户出谋划策，发挥其有效的、不可替代的作用。

（五）嵌入式学科服务奠定了对图书馆学新的认知

目前，经过多年的实践，嵌入式学科服务已初见成效，过去图书馆学把图书馆作为研究对象，一切从图书馆的建筑物出发，研究图书馆的面积、功能分布、书库建设以及图书资料等物理实体。现在我们应该把目光投向对图书馆的服务，这是可以脱离图书馆实体而存在的，跳出实体看服务思路大开，嵌入式服务的图书馆学科服务团队才应该是当下图书馆学研究的对象。美国约翰霍普金斯大学医学图书馆馆长南切罗德尔（Nancy Roderer）指出："我们的确不再真的需要拥有一个集中的服务点。到 2012 年，我们有望离开图书馆的大楼。"

图书馆嵌入式服务归根结底是要利用图书馆已有的知识资源，为用户提供学科服务。学科服务说到底就是一句话，做好管理知识的服务工作，把服务的利益最大化。传统图书馆的管理模式比较单一，各部门馆员的工作职能相对比较固定，只要管理好放在图书馆的纸质资源，用户需要什么就提供给用户什么，就可以胜任本职工作了。而现在，除了传统图书馆的业务外，对图书馆馆员的要求也大大地提高了，不仅是个人工作能力，而且还要掌握一定的专业知识，还要学会操作信息服务平台，各种新媒体、数据库的软件工具的使用等。从这个方面来讲，传统图书馆、图书馆员、图书馆学概念的内涵和外延都发生了巨大的变化，需要重新建构图书馆学的理论研究方法体系了。

作为现代高校图书馆学科服务团队的人员，从传统式图书馆管理中"走出来"，进入一个全新的图书馆管理环境，虽然工作岗位没有变，但是工作的职能却发生了巨大的变化：首先，要明确在学科服务团队中的责任，个人的责任要与团队的责任相一致，并且做到与团队成员相互合作，保持融洽的沟通与交流，建立彼此信任的工作关系。其次，要勤于学习专业知识，只有具备一定的学科知识，才能把图书馆的学科知识发掘出来服务于用户，不懂专业知识就没有办法为专业人员服好务、做好事、帮好忙。另外，需要有推销自己的理念，在学科服务的过程中，要勇于发表自己的意见和建议，因为在图书馆的工作方面，馆员更有发言权。用户需要知识，馆员告诉用户在哪里可以找到知识，并且是有用的知识资源。到图书馆寻求服务，与个人索取服务是不一样的理念。

图书馆嵌入式服务是新时代科学技术飞速发展的产物，在国外已取得了一些成效，在国内多数"985""211"高校已经开展了学科服务工作，受到广大师生和科研管理人员的欢迎。这种服务方式，不仅改变了服务的方法和手段，关键是它改变了图书馆的服务理念，由被动变主动，由到馆接受服务改为馆员走到现场为用户服务。在新媒体环境下，把图书馆的知识资源、知识技术和知识环境有机地结合在一起，全力全意为知识主体服务，把图书馆知识生态系统"促生"到最理想的工作状态，努力服务于教学一线，为高校教师的科学研究工作提供强有力的支撑，同时配合管理人员做好学校的管理工作，提高图书馆的知识资源的利用率，切实做好图书馆的信息服务职能。

三、高校图书馆嵌入式学科服务的内涵

(一) 高校图书馆嵌入式学科服务的定位

互联网通信技术的迅猛发展改变了图书馆用户的行为方式，改变了过去只有去图书馆才能获取学习资料的渠道，传统图书馆知识资料"存储仓库"的职能正在发生巨大的改变。传统的以沟通联络为主要特征的学科服务也不能满足数字化科研交流环境的需求，嵌入式学科服务正是图书馆为适应这种新的网络技术而产生的一种崭新的服务方式。

所谓嵌入式学科服务，初景利教授认为嵌入式学科服务（或嵌入式图书馆服务）则是通过图书馆员嵌入用户过程和场景，有机地将图书馆的资源和服务与用户的需求相结合，在用户的需求点，主动地根据用户的科研教学需求，提供即时、有效、有深度的信息与知识服务，直接支撑用户的科研与教学，与用户建立合作伙伴关系，充分实现图书馆的功能与价值。简而言之，嵌入式学科服务的服务对象是高校图书馆用户，包括师生、科研管理人员等，所使用的工具是现代化的计算机软件、新媒体技术、操作系统和信息服务平台等，服务的场所是用户所在的工作地点，服务的内容是用户所需要的与学科知识相关的信息需求，服务的方式是主动式嵌入服务，服务的目的是为用户提供学科服务以及知识资源。嵌入式学科服务的基本特征是嵌入，即嵌入用户的工作场地，嵌入用户的学习、教学、科研与管理的过程中，与用户协同合作。嵌入式学科服务的主要特征是以用户的需求为服务的目标，重在参与全程。嵌入式学科服务的主要内容涉及与用户的工作、学习、科研、管理相关的各个方面。

嵌入式学科服务是当前信息环境下图书馆服务的必然选择和发展趋势。它要求以市场化的方式处理和管理与用户的关系，以带入的角度从用户的现实需求和潜在需求出发对用户需求进行针对性分析，发挥自身优势，利用一切资源，运用成熟的数据处理系统集成融汇各种知识资源，提炼凝聚针对性、个性化信息为服务对象所用。在服务过程中运用多种方式加强与交流及合作，满足用户信息需求，有针对性地拿出解决方案。充分利用自身优势挖掘用户的潜在需求，满足用户显性的和隐性的知识需求，成为用户不可替代

的合作者，为用户提供知识资源和信息服务。

嵌入式学科服务内容将随着用户科研模式和信息行为的变化而改变，也会由普遍服务转向个性化服务，学科馆员首先要突破角色转变，逐步转变为学科信息专家，服务形式由信息中介到成为用户的科研伙伴。

（二）高校图书馆嵌入式服务内容

高校图书馆传统服务主要为用户提供文献保障与文献信息服务，随着新媒体技术飞速发展，用户可以更方便快捷地从网络上获取自己所需信息，到图书馆查阅资料变得笨拙、费时费力、难以达到预期效果，使得图书馆不得不思考如何顺应时代的要求，在新媒体环境下求得突破，图书馆过去的资源优势已经没有了，只有改变自己的服务方式，由被动变为主动，由坐等上门变为主动上门，将图书馆服务的中心从以文献为中心转向以用户为中心，嵌入式服务应运而生。

1985 年，美国斯坦福大学教授马克·格兰诺维特发表了《经济行动与社会结构：嵌入问题》一文，标志着学术界正式引入了嵌入理论。2005 年 4 月，南康涅狄格州立大学 Bliley 图书馆的远程教育馆员提出了"嵌入式图书馆员"的概念。嵌入式服务开始进入高校图书馆，图书馆馆员的岗位工作也相应地发生了变化，工作身份出现了信息工作人员、信息联络者等，显示出他们的工作状态，离开自己的办公桌，利用他们的专业知识和市场推销技巧，建立和用户的密切伙伴关系，更好地服务于特定的用户群体。图书馆员的个人能力和专业技术在学科服务的过程中不断地发挥着重要的作用。

嵌入式学科服务的主要工作内容是针对某一学科进行服务，服务的内容是图书馆的专业知识资源，因此，图书馆要具备具有不同专业方向的服务馆员。不同的用户有着不同的专业背景与学科需求，这就要求图书馆的馆员要由具有不同专业背景、专业人才担任，这使得高校图书馆馆员不仅要有图书馆的知识查询、信息检索、文献传递等自身业务的工作经验和业务水平，还要对用户的学科领域知识十分熟悉和了解，图书馆员培养的是专业的复合型人才。现在高校图书馆都根据自身学科优势和特点积极探索实践嵌入式服务，为用户提供融入全过程服务，有机地融入师生的教学、科研和学习之中。

（三）高校图书馆嵌入式服务实践

1998 年，清华大学图书馆实行学科馆员制度，标志着国内学科馆员服务模式正式开始实施。2006 年，中国科学院文献情报中心实行嵌入科研的学科馆员服务模式，标志着嵌入式学科服务模式实践的开始。

1. 嵌入到师生科研项目活动中的服务

高校图书馆成立的目的是为高校教学科研服务的，嵌入式服务首先面对的用户是学校的科研项目活动。学科服务人员作为科研工作团队中的参与者，为科研团队提供与科研题目相关的国内外研究情况、最新资讯、高水平的期刊、图书、情报等信息，并随时提供信息更新服务，对科研团队及其竞争对象的研发实力、市场竞争力等方面进行分析与评价。从项目的选题到成果转化等各个环节提供全程式的知识信息服务。

2. 嵌入到日常师生"教与学"活动的服务

嵌入"教与学"活动的主要任务是以图书馆员有机地将学科知识与专业课程结合起来，发挥知识信息的优势，把专业课程的前沿信息和发展方向嵌入到用户课堂或者嵌入到网络教学平台，通过与专业教师协作配合使学生更好地站在专业领域制高点，辅助学生学习专业课，读专业期刊、了解所学专业的前沿研究方向，培养专业素养能力和前瞻能力，增强学生的学习能力。

3. 嵌入到日常学习、生活中的服务

高校图书馆知识生态系统是一个有机的传播知识整合体，它的学科服务团队既可以为嵌入式服务输送人才，也可以利用完备的设施和平台技术，在知识环境中争得一席之地，图书馆通过移动图书馆、数字图书馆和知识共享平台来延伸服务，嵌入到用户的工作、学习、科研、管理、生活的各个方面，确实方便了用户，提高了服务水平。

（四）高校图书馆嵌入式服务的优势

嵌入式学科服务是利用计算机技术、数据库、数据处理系统将信息进行提炼、分析针对用户的需求生成新的知识服务。嵌入式服务的优势体现在以下几方面：

1. 观念先进

嵌入式学科服务是在新媒体环境下，根据网络信息全时段、全空间、开放式的特性，发挥自身信息资源优势，与现代科技相结合，依靠独特的信息提炼成果为用户提供主动式资源服务。现代科学技术日新月异，信息服务平台和移动客户端不断更新变化，图书馆在实践中不断改进嵌入式服务水平和理念，积极投身到信息服务系统内。

2. 进一步拓宽服务对象

图书馆的嵌入式服务是在保留原服务的基础上，利用现代科技手段开拓的新领域，运用成熟的共享平台技术：一方面，进行知识的生产、加工、共享，同时提供信息交流和传递的职能，这种交流是交互式的，图书馆与用户之间、用户与用户之间都能在平台上实现无障碍交流；另一方面，嵌入式的核心是针对不同用户、不同需求，实现一对一的、全过程的个性化服务，随时随地把更高价值的信息服务及时提供给用户，从而使协同创新的效益得到提高，同时也提高了图书馆员的影响力。

3. 实现真正的合作关系

嵌入式学科服务是在双方彼此信任的合作态度下，提供嵌入式服务，建立与用户之间不可替代的伙伴关系，通过协作完成信息服务的最终目的。嵌入用户工作流中，根据时间和环境的变化提供适应用户信息需求的针对性解决方案。充分利用自身优势挖掘用户潜在的特性与规律，满足用户潜在的、无法自主实现的信息需求，为用户提供所需要的专业知识资源。

四、高校图书馆嵌入式学科服务的意义与发展前景

(一) 嵌入式学科服务的意义

1. 嵌入式学科服务是一种新服务模式

嵌入式学科服务突破了物理意义上"馆"的概念与范围，体现了走出去、上门服务、以用户为中心的新理念，是图书馆被迫走出"家门"，进入市场依靠资源和服务摆脱困境、重新赢得用户，是适应新媒体环境下图书馆的新型服务模式。

嵌入式学科服务是根据用户需求、充分调动图书馆学科服务团队人员的专业特长为用户服务为基本模式，根据用户专业领域特点、世界前沿学科理论信息、同行的竞争力、用户需求和用户信息环境，以带入的角度从用户的

现实需求和潜在需求出发对用户需求进行针对性分析，运用成熟的数据处理系统集成融汇各种知识资源，提供个性化信息为服务对象所用。实现了图书馆基于资源的中介服务转变为基于用户需求的专业化服务，从坐等上门服务转变为嵌入用户环境的主动上门服务，使高校图书馆的服务效益和影响力实现最大化。

2. 嵌入式学科服务是一种新型服务机制

嵌入式学科服务以市场需求为驱动力、针对性和个性化的新服务机制，拉近了图书馆与用户的距离，通过密切联系和交流，建立了有机融合的一种新的服务机制，学科馆员真正投入到用户团队中去，利用掌握的信息优势嵌入用户解决问题的全过程，与用户建立了紧密互动、不可替代的伙伴关系，发现用户科研活动过程中急需解决的问题，或用户没有发现的潜在问题。

因为用户有着不同的专业背景与学科需求，这就要求图书馆的馆员由具有不同专业背景的专业人才来担任，这使得图书馆服务人员不仅具备基本的工作技能，也要对用户的学科领域知识十分熟悉和了解，图书馆培养的是专业的复合型人才。

3. 嵌入式学科服务是一种新的知识服务范式

图书馆嵌入式服务归根结底还是要利用图书馆已有的知识资源，利用新媒体环境下的计算机技术、网络技术和移动技术构建学科服务团队，为用户提供学科服务。这个服务过程不仅是为用户提供所需要的信息，而且还是一个知识生产、传递、应用的过程。换而言之，就是对图书馆的知识资源进行收集、加工、处理和反馈的管理过程。

（二）嵌入式学科服务的发展前景

当今社会科学技术日新月异，各种新理论、新思维层出不尽。在这样的信息环境下，用户对信息的依赖程度日渐加深，靠用户个人和非专业的团队很难完成信息的收集、整理、提炼和分析，迫切需要新的信息服务能力支撑。而高校图书馆也正处于新媒体环境下，面临重新定位、重新选择服务方式的转变之中。图书馆无论如何改变都不能丢弃它的特长优势，依然要从信息服务出发寻求突破。这样，高校图书馆和用户找到了共同的契合点，一个要在信息输出上实现突破，一个迫切需要信息支撑。两者相结合衍生出嵌入式学科服务模式，实现了图书馆基于资源的中介服务转变为基于用户需求的专业化服务。随着嵌入式学科服务不断实践和深入开展，在巩固和完善的基础上，需要进一步深化服务，在打造可持续服务上下功夫。

1. 深化服务内涵

嵌入式学科服务目前应该是符合当前社会环境和科技水平的，已经开始的实践和探索证明嵌入式学科服务是切实可行的，已经取得了良好的服务效果。但我们还应该清醒地认识到前面还有很长的路要走，新媒体环境下科技进步日新月异，嵌入式学科服务的具体服务模式以及其内涵需要不断深化，包括图书馆信息分析利用的集成化、信息收集提炼系统的专业化开发、学科发展方向的智能化模拟、用户需求的深度分析与学科领域发展方向等方面的服务内容，应努力使嵌入式学科服务发展为成熟的服务运作模式，真正适应当前的市场需求。

2. 扩展服务外延

高校图书馆的嵌入式服务模式实现了面对面的服务方式，从传统的被动服务，到现在的一对一嵌入式服务，为学校不同用户的学科服务工作做出了巨大的贡献。但作为图书馆来说，它强大的信息处理系统和学科服务团队生产和共享的产品远远不只这些，图书馆知识生态系统作为社会生态系统的组成部分，理论上它可以深入到任何一个领域并为之服务。这样以嵌入式学科服务为龙头的知识服务也可以扩展服务的外沿，为用户提供更深层次的服务。

3. 提升核心知识资源服务能力

嵌入式学科服务是学科馆员嵌入用户信息过程、责任绑定的服务，是学科馆员或学科馆员团队需要通过长期跟踪用户需求、深入研究用户信息环境、构建突出的特色能力后才能完成的任务。面对用户日益增多的需求和数字环境的复杂变化，学科馆员的职责和学科服务的功能也将从学科馆员 1.0 到学科馆员 2.0，并逐步转向学科馆员 3.0。随着嵌入式学科服务的不断深入，图书馆员个人对用户的服务和影响力逐渐体现到图书馆这个整体上，而代表图书馆进行具体化服务的组织就是学科服务团队，团队把个人的经验、知识变成团队的经验、知识，通过再造和升华成为新知识，作为团队输出和共享的重要资源，形成可持续发展的知识服务能力。目前，各高校开展的嵌入式学科服务只是整个学科服务初级化的服务内容，高校图书馆学科服务团队是图书馆真正为用户打造的、全面的、全方位的知识服务团队，各高校要不断地提升图书馆核心知识资源的服务能力，为用户提供更加满意的学科服务。

第四节　新媒体环境下高校图书馆学科服务的模式

新媒体环境下高校图书馆学科服务团队，在接受用户需求任务后将任务分解到团队成员，各团队成员为了完成团队分配的学科服务任务，在自身知识水平无法完成任务时，需要向团队内部其他成员以及外部知识资源寻求知识帮助，同时为了更快更好地完成任务，为了团队内部完成任务形成统一合力，主动向其他团队成员提供自己的专业知识和经验。在新知识产生后团队与用户之间也会不断进行分享和交流。这些团队内部、团队与用户的交流和共享是通过信息服务平台进行的，它们的运行日臻完善，并逐渐形成了一定的模式和规律。

一、基于知识生态理论的图书馆学科服务模式的内涵

事物的发生和运行都有着自身的规律，所谓研究事物就是研究它们的规律，这些规律经过整理和归纳可以形成模式、可以应用到人们日常生活和管理当中，不需要重复总结归纳。"模式"的英文 Model，意思是模型、模范。中文意思是"某种事物的标准形式或使人可以照着做的标准样式"。模式是一种认识论意义上的确定思维方式，换句话来讲，就是把某一类问题的解决方法上升到理论高度，即为模式。

当今社会科技进步日新月异，各种新电子产品、应用系统、移动终端、共享平台层出不尽，高校图书馆顺应时代潮流，被迫投入到新理念、新技术、新产品的开发应用中去，并在新的社会环境中求得生存和占领一席之地。学科服务是图书馆适应社会大环境而做出的相应改变措施，改变传统服务的模式，变被动为主动，主动走出家门，主动上门服务，扩大图书馆的影响力。图书馆学科服务团队之所以能够建立，不仅是因为有知识资源优势，而且是依托了强大的计算机和网络的科技力量，这些新技术的出现为知识制

造、知识传播和知识共享提供了技术、设备和重要的交互平台，学科服务团队是新媒体环境下图书馆服务的新模式，它是以知识流转过程为主线形成的图书馆知识生态系统，包括知识主体、知识资源、知识环境和知识技术四个主要要素，其中起主导作用的是知识主体。无论系统多么先进，起决定作用的依然是人，在学科服务中的知识主体可以利用不同技术在环境互动的关系中不断演化、推进，使学科服务可以在更高知识层面为不同知识主体服务。图书馆在新媒体共享平台上共享知识，知识主体的身份是随着环境变化而变化的，既可以是知识消费者，也可以是知识生产者，不同知识主体间交互形成知识的流转。

高校图书馆学科服务模式是对学科服务活动规律的抽象，是把图书馆学科服务的方法总结形成一定的理论体系。在学科服务的过程中，服务团队内部人员之间、服务团队与用户之间进行知识的交流和分享，在长期的服务工作与交往中，自然而然地会形成一定的规律，再进一步形成特定的模式。对于图书馆学科服务模式的研究，一方面，寻找内在的规律，避免学科服务领域内重复性工作；另一方面，通过研究规律，可以发现规律的一般运行规则和运动方向，有助于在日后的服务过程中采用最佳的服务方法、更加高效地完成服务任务。

二、新媒体环境下高校图书馆学科服务的一般模式构建

高校图书馆知识生态系统主要以知识流转为主线，在四要素的相互作用下实现生产和共享，图书馆学科服务团队学科服务的一般模式如图 2.2 所示。

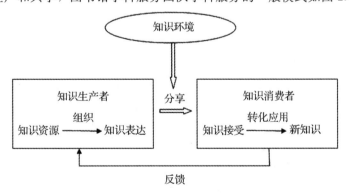

图 2.2　图书馆学科服务团队学科服务的一般模式

学科服务共分为四个阶段：第一，外化阶段，知识生产者通过一定的物理载体和表现形式，将收集到的知识、自身掌握的知识整理、提炼生产制造出新的知识。第二，共享阶段，知识生产者把加工整理后生成的外化知识通过新媒体共享平台上传到学科服务团队，团队存储和管理后发布到共享平台，传递分享到知识消费者。第三，应用阶段，知识消费者根据需要从信息服务平台获得自身需要的知识，并把它转变为自己的新知识使用到自己的工作中，使自己的工作效率和工作成效得到提高，体现了自身价值和知识的价值。第四，反馈阶段，知识消费者获得知识后，经过实践运用和自身的理解，对新知识有了深刻的认识，针对存在的问题和使用效果反馈给知识生产者，这样就完成了一次服务过程。

新媒体环境下高校图书馆知识生态系统是依靠知识资源、知识主体、知识环境、知识技术等要素支撑和构建起来的，其运行是四要素共同作用的结果，要研究图书馆学科服务团队的运行模式也离不开对上述四要素影响力的研究。一般地，图书馆学科服务的模式分为资源推送式、任务驱动式、即时交互式、流媒体直播式四种类型。

（一）资源推送式

资源推送式学科服务模式是指知识生产者把自身所具有的知识资源主动提供给知识主体的学科服务模式，这是一种主动行为，没有收到用户的明确需求，是知识生产者根据用户的潜在需求进行知识资源推广、送达的方式。所以资源推送式是不需要用户提出需求、知识生产者主动把知识推送共享的广泛式的传播模式。知识生产者的角色是可以转变的，它既可以是生产者也可以是消费者，所以知识生产者在与消费者进行知识共享的过程中，可以吸收、消费其他知识主体（可能是生产者，也可能是消费者）生产的知识，进行二次转发和分享，这就是推送式信息服务。它的优点是成本低、受众面广，可以实现广泛的传播和共享。高校图书馆学科服务团队资源推送模式是将团队生产制造、通过共享获得的新知识主动运用新媒体共享平台分享给用户，所有用户都可以获得这些学科知识，可以扩大高校图书馆的影响力和社会效益。资源推送式主要采取星型和 Y 型的网络拓扑结构形式。新媒体环境下资源推送式学科服务模式如图 2.3 所示。

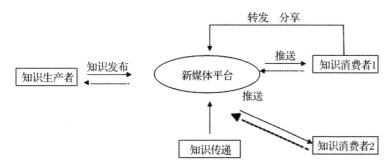

图 2.3 新媒体环境下资源推送式学科服务模式

微信公众平台是资源推送式模式的典型应用,作为一种典型的一对多的、成熟的知识传播平台,是目前最适合的推送式知识传播工具。当用户关注微信公众平台后,就可以获得平台上推介的所有信息,平台的信息进行经常性更新,用户可以学习,也可以转发。作为平台管理和维护者则需要管理信息服务平台,把知识资源分类进行生产,然后有选择地进行分享。

学科服务的宗旨是主动为用户进行学科服务,它组织队员进行知识生产,依托图书馆的资源、网络资源、团队队员的个人经验等显性知识或隐性知识,进行知识生产,并将生产的新知识通过微信公众号发布。作为知识消费者的用户通过微信公众号平台获取知识、学习吸收新知识,还可以把自身获取的知识资源分享给好友,扩大了知识资源的使用率。资源推送式学科服务模式如图 2.4 所示。

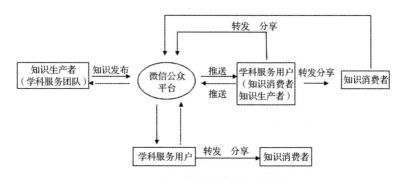

图 2.4 资源推送式学科服务模式

高校图书馆资源推送式学科服务模式的特点:

1. **知识主体——多功能、多角色变换**

知识主体在学科服务过程中,一直占主导地位,处于知识人的位置。知识主体的身份是随着环境变化而变化的, 既可以是知识的消费者, 也可以是知识的生产者, 知识主体可以演化自身的角色, 发挥不同的功能和作用, 使知识共享能够在不同的知识服务层面得以实现。例如, 当学科服务团队主动在信息服务平台发布信息时, 学科服务团队是知识的生产者, 图书馆用户是知识的消费者。当用户把所获取的信息再次经过信息服务平台传播或分享时, 用户的知识消费者角色即转换为知识的生产者或知识的传播者。

2. 知识环境——良好的知识共享文化氛围

学科服务团队的资源推送式知识共享模式主要出发点是通过广泛的知识传播: 一方面, 提高知识消费者的知识素养、知识存量, 培养一批与学科服务理念相通、观点相近的用户, 扩大和巩固消费群体; 另一方面, 可以更容易地推广团队的理念, 扩大图书馆和学科服务团队的社会影响力。所以在推送服务的过程中, 既可以进行知识共享活动, 也增加知识传播的速度和社会影响力, 还能够增加用户和学科服务团队的信任度。

3. 知识技术——多元技术支撑

资源推送式服务模式的服务对象不是针对某一个用户, 是带有推广性的、宣传性的主动共享知识, 所以它要求形式多种多样、内容纷繁复杂, 用最广泛的传播方式和途径向尽可能多的用户传播。在新媒体环境下学科服务团队可以利用计算机技术、多媒体技术、网络技术、数据处理系统、移动通信、信息检索等技术在内的一切数据处理和共享传播技术。在多元技术的支撑下, 学科服务团队可以实现多种渠道、多种共享平台、多种技术手段同时进行推送式服务, 用户可以利用各种智能设备的共享平台随时随地地发布和接受知识。

(二) 任务驱动式

资源推送式学科服务模式是指知识的消费者向知识的生产者发出需求任务, 知识的生产者在接收到任务以后, 在图书馆的知识资源中收集并得到关于消费者需要的知识资源, 然后针对这些资源进行加工整理生成新的知识, 完成学科服务任务。为满足特定消费者的需求, 这种订单式任务具有一定的针对性和时间性, 消费者也能够实现知识的再次转发和分享。任务驱动式学科服务模式如图 2.5 所示。

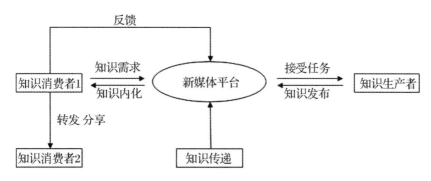

图 2.5 任务驱动式学科服务模式

学科服务团队建立的初衷就是为了解决传统图书馆无法满足超出图书馆馆藏资源的师生需求而建立的组织。在校师生向图书馆提出服务需求时,学科服务团队接受任务,并针对需求,把任务分解给学科服务团队的成员,生产出符合用户需求的新知识,共享给用户以满足用户的知识需求。当图书馆用户提出学科服务的需求时,用户可以通过官方共享平台检索所需要的知识,学科服务团队接受需求任务以后,组织相关的人员执行任务,完成任务后,再通过信息服务平台反馈结果,在相互的沟通交流中,完成任务。任务驱动式学科服务模式如图 2.6 所示。

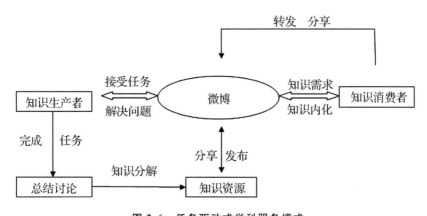

图 2.6 任务驱动式学科服务模式

高校图书馆任务驱动式学科服务模式的特点:

1. 知识主体——知识的消费者处于主动地位

任务驱动式学科服务模式,即用户提出什么样的需求,团队就完成什么样的任务，学科服务团队处于被动地位，接受来源于知识消费者提出的任务需求，知识消费者有了知识需求，首先是到共享平台上检索获取所需信息，如果没有找到目标，可以通过信息服务平台向图书馆馆员提出需求任务，学科服务团队接受任务并安排人员完成任务，与用户之间利用平台实现知识共享。学科服务馆员作为知识的生产者在这种模式下处于被动地位，无法很好地体现主动性服务。

2. 知识环境——营造良好的学科服务氛围

图书馆知识生态系统是在一个和谐友好的环境下运行的，学科服务团队作为这个系统最为活跃和起着主导作用的管理者，它一直努力营造良好的知识共享氛围，为了使系统更加活跃、更具影响力，需要和用户之间搭建良好的知识交流平台和互动社区，实现知识的交流和互动。

3. 知识技术——多功能应用

图书馆学科服务所依存的知识生态系统是一个复杂的社会系统，它的网页、链接、数据库查询、虚拟社区、微信、微博等功能的实现需要依靠先进的计算机、互联网以及通信技术做支撑。只有把这些高科技技术联合使用，才能实现团队和用户交流、共享知识资源，保障学科服务的效果，维护图书馆知识生态系统的正常运行。

（三）即时交互式

即时交互式学科服务模式是知识生产者与知识消费者之间、不同个体或群体之间即时性的交流互动共享知识的模式，新媒体环境下网络技术和移动技术打破了时间和空间限制，通过移动设备或者计算机终端借助共享平台实现随时随地交流。即时交互式的学科服务模式更加注重的是即时性表现在各个方面，没有明确的目标，也没有明确的任务需求，没有明确的服务方式，只是通过信息服务平台进行互动式沟通和交流。在学科服务的过程中，当事双方的身份和角色也具有随意性，既可以是知识的生产者，也可以是知识的消费者。在双方的互动与交流中，实现两个行为主体间的知识资源的共享，双方经常使用的即时通信工具有 QQ 和微信等。即时交互式学科服务模式如图 2.7 所示。

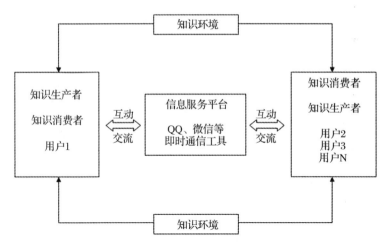

图 2.7 即时交互式学科服务模式

高校图书馆学科服务团队即时交互式学科服务模式是指学科服务团队内部、团队与用户、用户和用户之间借助即时通信工具（微信群、QQ 群）进行即时性的交流活动的方式。即时交互式学科服务模式的价值是在于有利于加强双方的互动和交流，因为即时非常方便、便利，时效性特别高，所以受到图书馆用户的喜爱。但由于在这种服务模式下互动的双方没有明确的目标，所以在知识资源的推广和传播方面的价值并不是很高，难以体现其社会价值，它更多的是体现双方关系的亲密程度和平台的活跃程度及影响力。即时交互式（QQ 群）学科服务模式如图 2.8 所示。

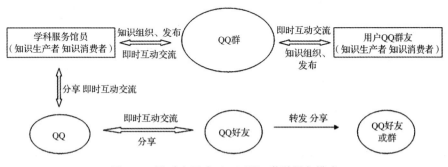

图 2.8 即时交互式（QQ 群）学科服务模式

在即时交互式（QQ 群）学科服务模式中，双方通过 QQ 群或微信群等即时通信工具进行交流，随机地表达和分享知识。知识共享没有目的性和需求性，具有随意性、发散性和不完整性，但是也能够拓展知识视野，给知识分享者启发、灵感和思维，此种服务模式具有以下特点：

1. 知识主体——角色变换快

即时交互式学科服务模式的知识具有碎片化和随意性，它的价值主要靠群内的成员活跃程度来体现，群成员在群里的行为越积极主动、越活跃，说明这个群体组织越有生命力和活力。所有成员在群内不分主次，角色变化频繁，同一个主体既可以是知识的生产者也可以是知识的消费者。通过这种方式图书馆学科服务团队能够更好地与用户交互，有利于进一步了解用户的知识需求，用户也能够更好地理解生产者意图，充分掌握分享的知识。

2. 知识——随意性较强

学科馆员和用户在群内交流时，大家都在语言情景中，思维是发散的和随意的，交流内容是以句子和链接为主，交流共享的知识大多是碎片化的和零散的，个人的发言具有不全面性，可信度较低。知识需求交流过程中即兴引发和产生，没有明确的知识需求，具有很大的随机性，在这种随意性的表达中，有助于发现行为主体的隐性知识需求。

3. 知识环境——营造良好的学科服务氛围

即时交互式学科服务模式是建立在相互信任的环境基础上的基本人际和社会网络关系。学科服务团队积极鼓励团队成员和图书馆积极参与即时交互活动，给双方提供一个融洽的交流空间和环境。这种学科服务模式会给学科服务人员和用户创造一个交流和互动环境较为宽松、心情最易放松、相互比较信任的情景中，大家可以畅所欲言，容易迸发出思想火花，也易于隐性知识共享和理解。

（四）流媒体直播式

流媒体直播式的学科服务模式的主要特点是知识生产者以视频、音频的形式共享知识，包括图像、声音、文字等所有元素，并且容易使知识消费者带入到情景中引起共鸣，深受远程教学、培训、会议的青睐。知识主体在参与学科服务的直播活动中，可以把大家带入虚拟的演讲现场，实现视频中的面对面，这种脱离了物理和空间界限的现场直播更具人性化和真实性，更贴近现实中知识共享的一种方式。流媒体直播式的学科服务模式为了节省资源可以分时段进行，作为发起者的知识生产者通过新媒体平台或线下发布相关的通知公告，在计划好的时间段进行直播，用户在播出的时间段点击链接进行视频观看。流媒体直播式学科服务模式如图 2.9 所示。

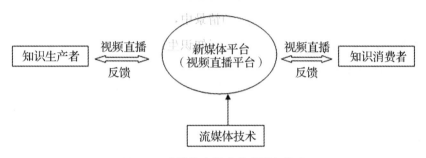

图 2.9 流媒体直播式学科服务模式

流媒体直播方式最大特点是可以使双方进行面对面交流，声情并茂的表现方式将知识消费者带入到现场情景中，可以更好地调动情绪和注意力，更好地接受、理解学科知识。流媒体直播式学科服务模式就是通过互联网和新媒体技术，把关于学科服务的培训、讲座、研讨会、会议等视频直播给用户，或者是以远程视频的方式展现给用户。与传统的面对面交流的传播方式，视频直播方式的效果好、成本低。因此，流媒体直播式学科服务模式已经在高校被普遍使用，受到用户的好评。新媒体环境下图书馆学科服务团队流媒体直播式学科服务模式如图 2.10 所示。

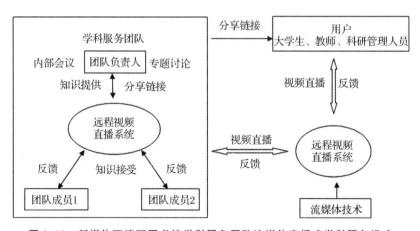

图 2.10 新媒体环境下图书馆学科服务团队流媒体直播式学科服务模式

新媒体环境下高校图书馆学科服务团队的流媒体视频直播突破了传统的现场培训、讲座、报告会的空间时间和限制，又依靠强大的视频直播模拟了现场会的情景，知识消费者可以直观地感受到主播的音容笑貌、肢体动作和情绪，很容易带入一对一、面对面的情景中，既突破了传统的文字和录音等平铺直叙的呆板形式，又较好地表达了知识生产者意志，同时还能够帮助知识消费者把握知识。

流媒体直播式学科服务模式具有如下特点：

1. 知识主体——模拟现场，具有直观的感受

流媒体视频直播突破了传统的空间和时间限制，依靠强大的视频直播模拟了现场会的情景使知识消费者可以直观地感受到传统面对面的情景，既能较好地表达知识生产者的知识，又可以帮助知识消费者很好地理解学习掌握知识。通过这种方式，图书馆学科服务团队能够在线上更好地扩大团队的社会影响力，更加直观地体现学科服务团队的实力和综合水平，贴近学科服务人员与用户的距离，扩大服务群体。

2. 知识资源——丰富多样化的内容，易于引起共鸣

流媒体视频直播内容一般是知识生产者围绕某个专题或者主题开展的学术性的知识分享活动，知识生产者主播的内容一定是自身具有的某个领域内比较超前的、比较系统的、比较完备的知识，然后才通过视频的方式进行直播。这种服务方式现场效果显著，表达形式丰富多样，更容易引起知识消费者的共鸣。

3. 知识环境——营造良好的学科服务氛围

流媒体直播式学科服务模式的主题一般是围绕某一专题开展，学术性价值较高，能够吸引一部分相同专业素养的知识消费者加入到群体中来，形成浓厚的学术环境，比较容易营造良好的知识共享氛围。学科服务团队内部，管理者也可以利用流媒体直播式对团队成员进行培训，一方面，可以给团队成员创造更多的知识共享机会；另一方面，可以使团队成员更快更好地针对学科服务任务达成一致意见，保持团队成员合理融洽的关系，更好地为学科服务。

4. 知识技术——流媒体技术支撑和方便共享

流媒体直播式的知识共享模式只有在新媒体环境下才能够得以实现，它需要复杂的技术（计算机技术、数字化信息处理和传输技术、网络技术和移动技术、多媒体平台技术等）做支撑，需要专业化的制作。它带来的社会效益是巨大的，流媒体直播式的学科服务模式不需要用户到固定的场所去学习，随时都可以参与直播，这种学科服务的模式不仅提高了用户的积极主动性，而且还大大提高了学科服务的效果。

三、高校图书馆学科服务模式比较与选择

（一）模式比较研究

学科服务团队的模式针对不同的情景知识共享核心目标也不相同，学科服务模式也不相同，每种模式各有自己的优点和不足。新媒体环境下图书馆学科服务模式对比分析表如表 2.1 所示。

表 2.1　新媒体环境下图书馆学科服务模式对比分析表

特点模式 类型	资源推送式	任务驱动式	即时交互式	流媒体直播式
影响范围及 应用场景	影响范围广泛，知识的分享传播范围较大，能够实现二次转发和分享，发生在大多数知识主体之间，影响力较大。适用于学科服务团队广泛发布公告、知识资源保存式共享	影响范围较窄，适用于知识生产者与知识消费者之间一对一的交流和共享。仅仅发生在小范围的知识共享主体之间，影响力较小。适用于学科服务用户拥有知识需求的情景，一对一的知识共享	影响较大，所有的知识主体均可以参与互动分享，能够分享到每个知识共享主体。适用于学科服务团队与用户互动交流、随机即时性，不带有目的性的知识分享交流	影响范围广泛，需要团队成员广泛参与，适用于学科服务团队组织培训讲座、内部会议交流沟通等情景
难易程度	简单容易	较难	容易	较难
网络和流量	流量耗费较大，多用于文字、视频类大型的文件形式	流量耗费较小。多用于文字、音频的形式	流量耗费较小，多用于文字和音频的形式	多用于视频、动画、多媒体的形式，流量耗费较大，需要在 Wi-Fi 环境下
结构形式	星型结构总线型结构	总线型、Y 型	网状结构	星型结构、Y 型结构

特点模式类型	资源推送式	任务驱动式	即时交互式	流媒体直播式
知识类型和流动方向	显性知识为主，不适宜隐性知识共享，知识组织较好，结构化的知识类型。知识流动方向为知识生产者单项流向知识消费者	显性知识、隐性知识和个性化的知识较多，知识组织较好，结构化知识类型。知识增值性和应用性较强。知识流动方向是知识生产者和知识消费者之间双向流动	显性知识和隐性知识，知识具有碎片化和随机化的特点，存在可信度较低的知识、适宜隐性知识和显性知识，知识组织较差，没有一定的结构性。知识流动方向是知识生产者和知识消费者之间双向流动，不断地反馈交流	显性知识和隐性知识均可，最适宜隐性知识共享，知识组织较好，系统全面化。知识单向由知识生产者流向知识消费者
典型的新媒体应用	微信公众平台、QQ群文件共享等	BBS、虚拟社区、微博、博客等	即时通信工具、QQ群、微信群聊等	远程视频系统
核心目标	实现知识资源的存贮和共享，知识的大范围传播和共享，满足大众化的知识需求，学科服务团队主动进行知识服务	满足用户的个性化的学科知识需求，解决学科用户遇到的问题和困难	知识共享主体之间彼此相互了解、快捷即时地满足用户的知识需求，营造良好的知识共享氛围、环境和关系	贴近现实场景、实现知识系统全面性的知识共享，利用视频直播进行培训学习、经验交流等，更好地促进知识共享的效率，增加学科服务方式

（二）模式选择研究

新媒体环境下图书馆学科服务的四种模式各具特色，应用范围各不相同。资源推送式和即时交互式模式是学科服务信息平台经常使用的模式，这两种模式较为简单，知识主体的功能角色均能够在实际的学科服务中相互交换，知识消费者的参与度比较高，所有的群体成员都可以参与，也是图书馆学科服务团队希望越来越多的知识消费者参与的模式，有利于活跃学科服务的氛围，增加知识传播的范围和社会影响力。

如果图书馆用户在学科服务的过程中，提出了学科服务的知识需求，此时，应该采取一对一的任务驱动式的学科服务模式，针对性强、目标明确，可以确保学科服务的效果。

　　流媒体直播式学科服务模式是接近现实场景的学科服务模式，以多媒体和流媒体技术为支撑，由于高校这方面的专业技术人员比较短缺，所以这种模式的使用受到了一定的限制，实际采用这种服务模式的图书馆现在还不是很多见。

　　综上所述，在这四种主要的学科服务模式中，各学科服务模式的侧重点不相同、达到的目标不同、适应的情景也不同，但它们也不是孤立存在的，在实际工作中各种模式之间应该相互结合使用，以提高学科服务的能力和效率，实现利益最大化。

第三章　高校图书馆嵌入式学科服务的调查与分析

第一节　新媒体环境下高校图书馆用户情况调查

一、新媒体环境下高校图书馆用户类型

进入 21 世纪，互联网技术飞速发展，渗透到社会生活的各个领域。高校图书馆也在社会科技进步的潮流中步入了崭新的时代。随着互联网移动技术在高校图书馆中的广泛应用，高校图书馆的服务无论是在服务方式上、服务技术手段上，还是在服务内容上都发生了巨大的变化，嵌入式服务方式已成为高校图书馆学科服务中最受用户欢迎的方式。现代网络技术已经突破了图书馆封闭服务的形式，随着高校图书馆用户对学科服务内容和学科服务形式需求的变化，学科服务方式也从以前的传统式被动服务变为学科服务团队的综合型服务方式。

当今时代，高校图书馆用户大多使用现代移动终端，通过高校数字图书馆的信息服务平台，使用图书馆提供的各种信息资源服务，获取所需要的内容。高校图书馆用户是学科服务的主要服务对象，图书馆的用户主要包括老师、学生、科研人员、管理人员等，用户是图书馆学科服务中最重要的人员团体，无论是图书馆的知识资源、知识环境还是知识技术等各组成部分，都是为用户服务的保障条件。

传统高校图书馆的服务是用户"走进来"，现代高校图书馆的服务方式和服务形式发生了很大的变化。目前，高校图书馆除了之前的传统服务方式

之外，还新增了学科服务新型服务方式，就是图书馆的服务团队人员"走出去"，嵌入到图书馆的各种不同用户中去，这是质的变化。传统图书馆的知识资源在图书馆，用户需要时到图书馆自行获取，现代图书馆的知识资源在互联网的虚拟信息平台中，用户需要时随时可以自行获取，不受时空的限制。在新媒体环境下，数字图书馆的出现改变了以往高校图书馆的传统服务方式。不同的高校图书馆用户对图书馆的需求目标是不同的，图书馆应及时分析用户的行为特点、学习规律，相应地调整、完善图书馆学科服务的方式和内容，不断提高学科服务效率，提高学科服务的用户满意度。

因此，分析高校图书馆用户的行为特点，对用户进行分类成为做好图书馆学科服务工作的前提条件。如果图书馆用户类型不相同，那么用户的学习、研究和管理的日常习惯也是不一样的，经常使用的技术方法也是不一样的，可对高校图书馆用户群做以下划分：

（一）根据当前图书馆服务用户对信息服务接收使用的习惯和使用的技术方法划分

1. 互联网用户

互联网，即广域网、局域网及单机按照一定的通信协议组成的国际计算机网络。目前，广义的互联网用户指的是自 20 世纪 90 年代互联网进入商用以来使用国际通用协议获取资源、共享信息的用户，作为推动当今世界经济发展和社会进步的重要信息基础设施，互联网通过短短几年的发展，其用户的数量呈直线上升趋势，根据国际电联最新发布的数据显示，目前世界范围内共有 32 亿人在使用互联网。互联网智能化技术的使用已经彻底改变了人们的生活，成为人们工作、学习不可缺少的重要组成部分。新媒体环境下网络技术平台和信息服务平台的开发使得人们可以随时随地获取所需要的各种资源和服务，大大地提高了人们生活的质量和水平。

2. 移动（客户端）用户

手机、笔记本、平板电脑等都是移动终端，也称作客户端。移动终端用户的特点是随时能够接收移动信息服务，而且还可以实现信息的交流和互动服务。目前，这种移动用户的数量越来越多，年轻人的比重最大，几乎每人都有至少一部手机。青年人喜欢新鲜事物，个性化需求越来越明显，如果随时随地能够获得和在图书馆里一样的服务，是青年人最大的愿望。

3. 触摸屏用户

触摸屏是一种自助式获取信息的方式，它是在人机交互的信息平台系统中输入查询内容，直接读取结果的一种操作简单易行的用户。这种方式很容易被用户所接受。但是用户通过触摸屏获取的内容大多比较简单，通俗性比较强，便于用户休闲、阅览，学术性研究的价值不是很高。

4. 数字电视用户

数字电视在公众场所随处可见，面向的用户大多为公共场所的人群。在高校，也随处可见，面向的群体多为学生、教师、科研人员和管理人员，这些用户可以随时通过电视用户获取信息，但是该信息的宣传内容大多是随机的，作为一种公众传播媒体，数字电视传播的内容多为国家、政府、学校主导宣传的内容。数字电视，顾名思义，是通过数字技术进行数字信息传播的新型传播工具，它的传播内容和传播形式的灵活性比较高，多用于宣传性和广播性要求比较高的媒体文件传播。

（二）根据新媒体服务的特点划分

1. 个性化服务需求用户

互联网时代，满足用户个性化需求是高校图书馆的特色服务方式之一。在新媒体技术环境下，用户可以通过移动终端订阅自己喜欢和爱好的学科信息等知识资源，构建成个人移动图书馆，随时随地地通过互联网获取所需要的知识资源。这种以用户的需求为服务目标理念，促进了高校图书馆个性化服务的最终实现。个性化服务需求用户已成为新时代高校图书馆的新型服务对象之一。

2. 多选择性服务需求用户

在新媒体环境下，图书馆用户可以同时选择多种学习活动，通过不同的数字化服务平台获取不同的知识资源，比如通过播放超星学术视频获取学术知识、通过读秀中外文学术搜索获取电子资源知识、通过中国知网、万方数据知识服务平台、维普服务平台获取最新期刊信息等，打破了传统图书馆只能进图书馆获取所需知识的方式。数字图书馆的高速发展，不仅改变了图书馆的服务方式，还改变了用户的"地位"。以前，用户只能进图书馆接受服务，现在用户还可以利用互联网信息技术，与图书馆学科服务团队进行互动，不仅用户拥有了主动性，而且具有了更多的选择机会。多选择性服务需求用户已成为新时代高校图书馆的特色服务对象之一。

3. 全时域需求用户

全时域需求用户产生于互联网时代，只有现代通信技术、计算机技术、新媒体技术高度发达的今天，图书馆才有能力满足此类用户的服务需求。目前，图书馆用户的到馆率呈现下降趋势，而移动图书馆的用户比例在逐步提升，结果缘于数字图书馆可以实现全时空服务，无论何时何地，只要满足移动通信条件和移动终端，就可以实现即时服务。有些全时域用户即使在图书馆里仍然使用移动服务获取学科服务的信息。便捷高效成为此类用户的需求。全时域需求用户已成为新时代高校图书馆的大多数服务对象之一。

（三）按照用户所在位置划分

1. 馆内用户

馆内用户即为亲自到图书馆获取知识资源的用户。虽然看似与传统图书馆的用户一样，但在本质上是不一样的，因为坐在图书馆里仍然可以使用移动终端，获取服务信息。例如通过学科导航服务，可以便捷地搜寻到所需要的信息，可以在第一时间找到所需要图书或期刊的存放位置，在库数量等信息。

2. 远程用户

远程用户即为不能亲自到图书馆获取知识资源的用户，这类用户只能通过学校图书馆提供的互联网信息服务平台，借助计算机或移动终端，远程登录图书馆网站才能查询信息。大多数教师、学校科研人员和管理人员属于这一类用户，在校外登录使用图书馆的数字化信息资源。

（四）从授权角度划分

高校图书馆是提供给本校用户的数字化信息的公共服务场所，学校会把信息资源的开放权限进行掌控，因此，从授权角度，可以分为：

1. 借阅证用户

借阅证用户即指拥有图书借阅证的用户，凭证可以到图书馆进行借阅、阅览图书馆的纸质知识资源，可以进入图书馆开办的报纸期刊阅览室、电子资源查询室等，也可以建立自己的数字图书馆，便捷登录，高效使用图书馆的信息资源。

2. 被授权用户

被授权用户是指经过本校图书馆批准同意后获取授权的用户。此类用户每次登录学校图书馆时，首先要进行身份确认，输入图书馆管理系统用户名和密码，经学校图书馆的信息网络平台验证后，才能进入学校数字图书馆获取所需要的信息。通常情况下，在校师生和管理人员都是被授权用户，但被授权的用户也可能不是在校的师生，学校外聘教授或专家也可能是被授权用户。

3. 未授权用户

除了前面两种用户以外，还有一种用户，可以浏览学校图书馆网站，可以阅览图书馆的公开信息，但不可以进入图书馆的管理系统和需要授权后才能看到的内容，称此部分用户为未授权用户，一般为校外人员。

以上图书馆的用户分类只是众多分类方法中较为常见的分类，分类的标准不同，会产生不同的分类，比如，图书馆的用户还可以根据工作内容的不同分为学生类、教师类、科研类和管理类用户，也可以分为个人用户和团体用户等多种形式。

信息服务是高校图书馆的主要职能之一，在科技日新月异的今天，虽然新技术、新产品的应用和推广需要一定的时间，但是，移动客户端用户已经成为高校图书馆的重要用户群体，人们传统的和习惯性的思维定式在新技术革命的冲击下得到改变，高校图书馆移动客户端用户数量直线上升，因此，在后面的研究中，将针对不同用户，尤其把高校图书馆移动客户端用户作为首选，分析用户的行为特点、需求现状以提高嵌入式学科服务的服务效果。

二、新媒体环境下高校图书馆用户特点

高校图书馆用户在接受图书馆的服务时，会表现出以下的特点：首先，具有虚拟性。用户通过互联网获取图书馆的数字资源，可以全时空进行认证、登录、访问图书馆，这与传统图书馆的服务方式有着质的不同。用户与图书馆的联系不再是只能通过图书馆的馆员，而是通过图书馆信息服务平台的虚拟知识层获取所需要的知识，表现出虚拟性的特点。其次，具有实时

性。图书馆用户在条件允许的情况下，可以随时根据需要登录学校图书馆的网站，没有时间和空间的限制，图书馆的数字资源系统也会随时接受指令，从知识资源中收集用户所需要的信息，及时给予信息反馈。最后，具有绑定性。目前，移动用户的客户端一般有手机、平板电脑、笔记本等，是个人物品，在使用时需要认证后才能登录、进入、使用，图书馆信息平台才能根据用户提供的个人信息提供用户所需要的信息。

三、新媒体环境下高校图书馆用户需求演化

传统高校图书馆所提供的服务一般为图书借阅、文献查收查引、文献查重、文献传递、参考咨询等，是一种被动服务的方式，图书馆馆员在图书馆等待接受用户，是一种一对多或一对一的信息服务方式，有问才有答式的服务方式，图书馆会定期开展读者信息服务培训、定期答疑等现场服务。用户的需求一般比较简单，借阅、浏览、查收查引、咨询等，而随着网络通信技术的飞速发展，图书馆所存储的数字化信息量越来越大，已成为图书馆用户获取信息的首选，用户的需求也紧跟着发生了巨大的变化，主要体现在以下几个方面：

第一，在图书馆用户需求行为方面，用户的需求具有一定的不确定性，起初用户的需求与经过查询后得到的结果有时是不同的，往往会有差距，这个差距往往与用户个人的认知水平有一定的关系。在以前的传统图书馆中，用户只能在纸质的资料中进行查找，查找的速度也比较慢，行为比较简单，而且也比较单一。而现在图书馆的检索功能非常强大，获取知识导航的快速引导，从而满足用户的需求，达到查询目标。在这个过程中，用户的需求行为在图书馆学科服务人员的引导下，行为路径比较多，不仅可以利用文献导航，还可以利用知识导航系统，用户需求行为比较复杂，形式比较多样，效果比较明显。

第二，在高校图书馆学科服务方面，传统高校图书馆没有学科服务，只有公共服务，到馆用户公平使用图书馆的知识资源，用户自己查询资料。在当今互联网时代，高校图书馆的知识资源信息非常丰富，服务方式多种多样，最吸引用户的是专业化学科服务，用户可以通过参考咨询的方式获取所需要

的学科服务内容。图书馆学科服务团队人员可以根据用户需求，有针对性地提出建议，图书馆用户可以在知识种群团体中快速、便捷地搜寻所需要的学科知识，这种演变是与时俱进的，也是高校图书馆服务职能的一个巨大变化。

第三，在高校图书馆用户视听感知方面，在新媒体环境和技术条件下，高校图书馆用户对所需求信息的感知要求比以前更高。通过互联网和移动设备，用户更希望通过音频、视频来接受知识资源，丰富对知识资源的认知深度和广度，能够身临其境地感受知识，比如精品课堂、教学播客等知识资源受到图书馆用户的喜爱程度越来越高。目前，高校图书馆推广的嵌入式学科服务在服务形式上丰富多样，以 PPT 的形式展示数据库的使用方法、以触摸屏的方式展现电子文献等，迎合了用户的需求，做到了直观、便捷、易操作，同时也满足了用户"求新"的好奇心。无论是通识服务还是个性化服务，用户对立体、全方位的知识资源兴趣浓厚，这也是新时代高校图书馆用户需求演变的一大特点。

四、新媒体环境下高校图书馆用户需求分析

新媒体环境下，高校图书馆用户对图书馆知识资源的需求发生了很大的变化。在载体形式上，更倾向于多媒体形式，而不是以前的纸质文献资源；在知识资源的获取渠道上，更倾向于通过互联网全时空地获取数字知识资源，而不是以前的文献借阅和浏览；在获取图书馆知识资源的主动性上，更倾向于主动获取，采用互动式服务会得到更多、更有参考价值的知识资源，而不是以前的被动式接受知识资源信息。现在，越来越多的图书馆用户更倾向于足不出户，就能获取所需要的信息资源，这也是高校图书馆建设嵌入式学科服务的内动力。

目前，国内的大多数高校图书馆提供给用户的知识资源数据库类型大体是相同的，各大高校图书馆提供的多数服务内容和途径基本一致。除了纸质馆藏知识资源以外，在数字资源方面，图书馆提供的公共服务大体主要有几种类型：高校图书馆与 OPAC 系统集成，具有对图书馆知识资源进行自动检索的功能，也可以采用自助服务方式；高校图书馆与数字图书馆门户集成，具有一站式检索的功能（包括移动客户端检索），也可以实现全文阅读

数字知识资源的功能；高校图书馆与全国共享云服务体系集成，聚合了各高校图书馆的知识资源，实现了知识资源共享，具有联合检索的服务功能，也可以实现知识资源文献传递的服务功能。另外，还有信息交流、咨询、互动服务和通知公告等公共服务类型。互联网和通信技术的进步，促使图书馆用户产生新的需求，而用户需求与图书馆的发展建设具有双向互动性，用户的需求发生了演变，用户对即时性和互动性以及准确性越来越高，这种潜在的动力把高校图书馆的学科服务建设推向了一个全新的高度。

根据新媒体环境下高校图书馆用户需求的演化，具体分析一下图书馆用户的需求，以便于高校图书馆目标更加明确地进行规划和建设。图书馆用户的需求主要有：

（一）多元化需求

伴随着我国科学技术的发展和进步，知识和文化传播大体经历了纸质资源传播时代、电子资源传播时代和数字资源传播时代。目前，高校图书馆用户对知识资源的需求呈现出多元化的趋势。静态的图书、期刊、报纸已经不能满足用户的需求，取而代之的是音频、视频、动画、图片等具有文化气息的知识资源。网络时代，图书馆用户多数使用的客户端有手机、笔记本、平板电脑等，这些移动终端都能够满足用户多元化的服务需求，彻底改变了过去听广播、看报纸了解天下事的历史。另外，多元化需求还表现在用户在获取图书馆需求时所处的身份和角色。以前在传统图书馆里，用户只能被动地接受服务，而现在图书馆用户的身份可以具有双重性，一方面，是图书馆的服务对象；另一方面，也可以成为图书馆共享知识的信息发布者，这也反映了用户多元化的需求。

（二）交互性需求

互联网时代，图书馆的交互性服务功能越来越强大。目前，互联网客户端多为移动终端，不仅可以打电话、看视频、听音乐、上网查资料，还可以实现全球定位、身份确认、网上付款等，成为多功能一体的便携式服务工具。利用移动终端，图书馆用户可以随时随地地登录学校图书馆网站，进行资料查询或咨询，获取所需要的内容。同时，图书馆的信息平台也可以即时回复用户的请求，实现全时空的互动式服务。图书馆用户也可以通过远程服务器进行电子资源的在线浏览或者下载，能够第一时间获取所需要的信息资源。

（三）终端设备一体化的需求

"三网融合"主要指电信、广电和互联网的高层业务应用的融合。如果用户拥有一部"三网融合"功能的手机、笔记本或平板电脑等终端设备，就可以实现用手机看电视、上网、打电话，还可以观看流媒体、读电子书、看电子报、登录图书馆，真正把手机变为"掌中宝"，做到一机在手看天下了。

第二节　基于问卷调查的高校图书馆用户需求分析

本节将对高校图书馆嵌入式学科服务的需求情况展开调查和研究。实验采用问卷调查法，研究的对象为高校图书馆的用户，调查目标共分为三类，分别是高校在校学生、高校教师和高校管理人员，调查问卷根据调查对象不同分为三种问卷内容（详见附录）。此次针对嵌入式学科服务的高校图书馆用户需求调查问卷分为三种：高校大学生图书馆学科服务调查问卷；高校教师图书馆学科服务调查问卷；高校行政管理人员图书馆学科服务调查问卷。

调查的学校分别为山东大学、山东师范大学和齐鲁工业大学，每个学校发放 500 份调查问卷，共发放 1500 份问卷，收到回复的调查问卷有 1367 份，回复率为 92％，其中收到高校教师的调查问卷 120 份，回复率为 8％；收到高校管理人员的调查问卷 60 份，回复率为 4％；收到在校学生的调查问卷 1187 份，回复率为 80％，其中在校专科生 95 人，在读本科生 817 人，在读硕士生 212 人，在读博士生 63 人。本次调查成功，数据有效。

一、高校大学生嵌入式学科服务需求调查问卷分析

高校大学生图书馆学科服务调查问卷内容大体分为三个方向，分别为：专业学习方面、论文设计与写作方面、科研项目方面以及其他等。

在专业学习方面，调查问卷的题目主要涉及对所学专业知识资源的需求情况、对图书馆嵌入式学科服务的服务方式和服务内容的需求等。

在论文设计与写作方面，调查问卷的题目主要涉及对图书馆嵌入式学科服务的服务方式和服务内容的需求等，主要针对在论文设计与写作过程中遇

到的服务需求等。

在科研项目方面，调查问卷的题目主要涉及对图书馆嵌入式学科服务的服务方式和服务内容的需求等，主要针对在科学研究过程中遇到的服务需求等。

最后一部分是用户在其他方面的需求调查情况。

因为此次在校学生的人员情况比较复杂，所以对此次统计结果采用百分数的统计方式进行。

经调查问卷数据统计分析，高校大学生嵌入式学科服务需求的具体情况已经统计汇总，高校大学生嵌入式学科服务需求情况调查表如表 3.1 所示。

表 3.1　高校大学生嵌入式学科服务需求情况调查情况

高校大学生嵌入式学科服务需求情况 （专业学科学习）（%）		专科生	本科生	硕士生	博士生
专业学科 知识需求	暂时不需要	71	1	38	5
	专业学科的学习辅导书	22	42	10	10
	与专业学科知识相关的习题集和教辅书	8	35	41	45
	本专业学科其他学校教材或该专业学科的教学视频	1	20	11	40
信息资源 需求	开设该专业的学校及其开设的相关专业信息	13	13	4	33
	与本专业相关的其他专业的学科信息	10	30	31	39
	学生对本专业的总体评价信息	2	48	44	8
	社会对本专业的总体评价信息	9	9	21	20
服务需求	本专业学习的学前指导服务	2	8	3	15
	本专业学习的学科导向性服务	3	28	30	30
	本专业学习的考前辅导服务	21	32	46	35
	本专业学习的应用性服务	6	22	21	20
服务方式	座谈会、交流探讨会等服务方式	8	30	47	10
	微信、QQ、飞信等互动式交流服务方式	13	40	38	53
	面谈、电话、视频等新媒体交流的服务方式	9	22	11	9
	文献传递的服务方式	5	8	4	18

高校大学生嵌入式学科服务需求情况 （论文写作〈设计〉）（%）		专科生	本科生	硕士生	博士生
服务方式	图书馆数据库的使用培训服务	18	40	35	55
	论文开题前的查新服务	23	30	45	65
	推荐与论文题目相关的信息资源服务	23	40	70	40
	论文写作的总体指导性服务	36	50	60	11
服务内容	能够提供与指定主题相关的已发表的论文与著作情况	36	9	19	30
	能够提供与指定主题相关的文献综述情况	1	30	66	70
	能够提供文献查新服务	60	20	73	35
	能够提供研究与统计方法的培训服务	81	31	34	35
高校大学生嵌入式学科服务需求情况 （科研项目）（%）		专科生	本科生	硕士生	博士生
服务内容	没有参与科研项目	44	100	50	7
	希望图书馆能够提供与科研项目相关的国内外研究资料情况	2	80	18	48
	希望图书馆能参与项目的查新	3	1	2	15
	希望图书馆员能够参与项目调研工作	21	0	30	30
服务方式	提供与项目相关的知识资源平台	22	0	20	48
	与项目相关的研究讨论平台	4	0	10	27
	提供文献传递服务方式	38	0	4	10
	提供与项目相关的参考咨询服务	4	0	18	40
高校大学生嵌入式学科服务需求情况 （%）		专科生	本科生	硕士生	博士生
其他方面	暂时没有	79	69	64	66
	与专业学科相关的最新资讯	3	5	5	6
	与专业学科相关的最新出版发行刊物	48	16	20	16
	娱乐体育等休闲知识	2	10	11	12

二、高校教师嵌入式学科服务需求调查问卷分析

针对高校教师的调查问卷内容大体分为四个调查方向，分别为：专业学科教学方面、论文创作方面、科研项目方面以及其他。

在专业学科教学方面，调查问卷的题目主要涉及对所教授专业知识资源的需求情况、对图书馆嵌入式学科服务的服务方式和服务内容的需求等。

在论文创作方面，调查问卷的题目主要涉及对图书馆嵌入式学科服务的服务方式和服务内容的需求等，主要针对在论文创作过程中遇到的服务需求等。

在科研项目方面，调查问卷的题目主要涉及对图书馆嵌入式学科服务的服务方式和服务内容的需求等，主要针对在科学研究过程中遇到的服务需求等。

最后一部分是用户在其他方面的需求调查情况。

因为此次在校学生的人员情况比较复杂，所以对此次统计结果采用百分数的统计方式进行。

针对高校教师的调查结果采用统计人次的形式进行。经调查问卷数据统计与分析，高校教师嵌入式学科服务需求情况调查如表 3.2 所示。

表 3.2　高校教师嵌入式学科服务需求情况

高校教师嵌入式学科服务需求情况			人次
专业学科教学	专业学科知识需求	暂时不需要	3
		专业学科的学习辅导书	25
		与专业学科知识相关的习题集和教辅书	58
		本专业学科其他学校教材或该专业学科的教学视频	76
	信息资源需求	开设该专业学科的专业情况、教师及学校等信息	15
		提供与该专业学科知识相关的其他专业学科信息	10
		学生对本专业的总体评价信息	53
		学生对本专业任课教师的总体评价信息	87
	服务需求	本专业学科辅助教学服务	64
		参与本专业学科教学服务	78
		本专业学科考核辅助服务	35
		本专业学习的应用性服务	10
	服务方式	座谈会、交流探讨会等服务方式	33
		微信、QQ 等互动式交流服务方式	88
		面谈、电话、视频等新媒体交流的服务方式	10
		文献传递的服务方式	16

高校教师嵌入式学科服务需求情况			人次
论文创作 （设计）	服务方式	暂时不需要	79
		能够提供与指定主题相关的文献综述情况	82
		论文开题前的查新服务	14
		推荐与论文题目相关的信息资源服务	10
	服务内容	能够提供与指定主题相关的已发表的论文与著作情况	67
		图书馆数据库的使用培训服务	58
		能够提供文献查新服务	56
		能够提供研究与统计方法的培训服务	32
科研项目	服务内容	希望图书馆能够提供与科研项目相关的参考文献	71
		希望图书馆能够提供与科研项目相关的国内外研究资料情况	27
		希望图书馆能够参与项目的查新	34
		希望图书馆馆员能够参与项目调研工作	7
	服务方式	提供图书馆员全程参与项目	89
		提供与项目相关的研究讨论平台	88
		提供文献传递服务方式	23
		提供与项目相关的参考咨询服务	65
其他方面	—	暂时没有	81
		与专业学科相关的最新资讯	3
		与专业学科相关的最新出版发行刊物	24
		娱乐体育等休闲知识	6

三、高校管理人员嵌入式学科服务需求调查问卷分析

高校管理人员的工作内容主要是高校行政管理工作，他们对嵌入式学科服务的需求与高校教师、在校学生的需求不一样，但他们在高校中的作用和地位很重要，所以，对他们的需求侧重在对文献资料和服务方式方面。

针对高校管理人员的调查结果采用统计人次的形式进行。经调查问卷数据统计整理，高校管理人员嵌入式学科服务需求情况如表3.3所示。

表 3.3　高校管理人员嵌入式学科服务需求情况

高校管理人员嵌入式学科服务需求情况		人次
资料需求	暂时不需要（选此项者，2～4 题不用作答）	33
	与工作相关的国家最新政策、制度、法规等文件	7
	与工作相关的中国共产党的最新理论、重要讲话、会议精神等资料	5
	与工作相关的某类主题的文献资料	2
文献服务方式	面谈、座谈会、交流探讨会、会议等服务方式	3
	微信、QQ 等互动式交流服务方式	41
	电话、视频等新媒体交流的服务方式	34
	文献传递的服务方式	6
文献需求要求	及时	54
	准确	27
	全面	34
	都可以	30
服务模式	都可以	49
	专人服务	50
	服务团队	39
	成为图书馆服务团队的一员	27
其他服务内容	参考咨询服务，对所需解决的问题提供期刊、图书、教科书等文献目录	17
	推荐服务，对所需解决的问题提供最新国内外研究资讯	19
	通过移动互联网技术，建立用户与图书馆之间的信息交流与信息反馈平台	8
	沟通协调服务，遇到师生共同存在的新问题，图书馆及时与相关管理部门联系	6
其他方面	暂时没有	1
	与专业学科相关的最新资讯	9
	与专业学科相关的最新出版发行刊物	3
	娱乐体育等休闲知识	1

四、高校图书馆用户嵌入式学科服务需求分析结果

（一）高校大学生的嵌入式学科服务需求情况分析

在专业知识学习方面，专科生、本科生与硕士生的需求情况各不相同，本科生的需求最为强烈，专科生与硕士生的需求情况相对弱一些。对于在校

学生，对图书馆考试前学科知识辅导服务的兴趣明显高于学前学科知识辅导，对实际应用性服务缺乏兴趣。博士生在专业学科信息资源方面的需求最为强烈，专科生的需求最低。本科生和硕士生普遍较关注对所学专业的评价情况。大部分高校学生对学科导向性服务需求则较为感兴趣。与面谈、电话、视频等新媒体交流的服务方式和文献传递相比，大学生更容易接受微信、QQ、飞信等互动式交流服务方式和座谈会、交流探讨会的服务方式，互动式的交流服务方式最受大学生的青睐。

在论文（设计）方面，不论学生类别，对图书馆嵌入式学科服务需求依次是文献查新服务、研究与统计方法的培训服务、推荐与论文题目相关的信息资源服务，对相关已发表的论文与著作情况则不感兴趣。

在校大学生的主要任务是学习，所以对科学研究的积极性普通不高，科学研究不仅需要专业学科知识，还需要掌握一定的信息检索方法、数据统计学和管理学等相关内容。因为参加过科研项目的人数不足三分之一，所以，这一部分的调查没有达到预期的调查效果。

高校大学生在其他方面，对于所学专业新近出版的文献资料需求较为明显。

（二）高校教师的嵌入式学科服务需求

在高校教学方面，高校教师对其他学校所教授的学科专业教材或该专业学科的教学视频比较感兴趣。教师比较关注学生给予专业学科和任课教师的总体评价信息。教师也希望图书馆参与到本专业学科教学服务的行列之中。教师在服务方式上更愿意接受微信、QQ、飞信等互动式的交流服务方式。

在论文创作方面，高校教师对图书馆提供所研究主题方面的有关国内外研究情况的需求比较强烈，这样教师可以有更多的时间用于科研，而不是资料的收集和数据的统计。

在科学研究方面，高校教师希望图书馆学科服务团队人员可以全过程参与，随时可以进行学术交流。

在其他方面，高校教师暂时没有其他需求。

（三）高校管理人员嵌入式学科服务需求

高校管理人员对图书馆学科服务团队的专人服务比较感兴趣，希望通过微信、QQ、飞信等互动式交流服务方式及时地得到所需要的服务。同时，部分管理人员在接受图书馆服务的同时，也希望自己能够成为图书馆服务团队的一员为大家提供服务。

第三节　高校图书馆嵌入式学科服务过程与策略设计

一、高校图书馆嵌入式学科服务过程与策略设计的原则与目标

结合对高校图书馆用户嵌入式学科服务需求的调查结果，本章将针对高校图书馆用户展开嵌入式学科服务的服务过程与策略设计，主要从三个方面入手研究：

首先要明确服务的目标，只有目标清晰，才能保证学科服务的有效性；其次要注重服务的过程，只有扎扎实实地做好服务，才能确实有效地开展服务活动，才能把服务嵌入到用户中去；最后要切实做好服务结果的评价工作，整个服务结果的处理是为了对嵌入式学科服务的分析和总结，使图书馆服务团队能在实践的过程中不断改善与提高。嵌入式学科服务的过程是一个反复进行的过程，只有对服务的效果进行及时、有效的评价，才能更大地发挥嵌入式学科服务的作用和功效。

因此，现从以上三个角度出发，进行高校图书馆嵌入式学科服务的服务策略设计，这是一个循环的过程，每一次的服务流程都是从确立服务目标开始，直到下一次服务流程的开始。高校图书馆嵌入式学科服务流程如图 3.1 所示。

图 3.1　高校图书馆嵌入式学科服务流程

（一）构建原则

高校图书馆进行嵌入式学科服务的构建原则有三个：

1. 系统性原则

高校图书馆嵌入式服务体系是一个完整的知识生态系统，其长期有效的工作原则不仅要有知识资源、知识环境、知识主体、知识技术这四个主要要素，而且还要有这四个主要要素的相互配合与合作，它们之间的作用力与反作用力在嵌入式学科服务中发挥着重要的作用。

2. 目标性原则

凡事要有目标才能成功。如果要实现高校图书馆学科服务长期有效地运行也必须有明确的目标，只有这样，才能保持嵌入式学科服务真正有效地进行下去。

3. 动态性原则

首先，高校图书馆知识生态系统是一个动态的系统，其四个主要构成要素间的相互作用与反作用力不是一成不变的，知识资源、知识环境、知识主体、知识技术中任何一个要素作用力不足都会导致学科服务的效果不佳。其次，如果四要素间的作用力不足，同样会导致学科服务的效果欠佳。因此，时刻关注系统的运行动态，及时对学科服务的效果进行有效的评价，才能维持服务系统的生命力。

（二）构建目标

本书将确立嵌入式服务目标的过程简化成一个独立的流程图进行研究，高校图书馆嵌入式学科服务目标构建示意图如图 3.2 所示。

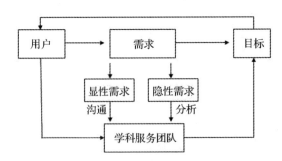

图 3.2　高校图书馆嵌入式学科服务目标构建示意图

所谓"满足用户需求",顾名思义,就是图书馆提供用户所需要的服务。要想做到服务满意度高,首先要与用户交流沟通,明确用户的需求目标是什么,才能有的放矢地去提供服务。在构建目标时,主要考虑两个方面的内容:第一,基础设施层建设。高校图书馆服务平台是图书馆提供知识资源的平台,而虚拟知识资源层是图书馆知识资源的"发源地",也是图书馆建设嵌入式学科服务首要建设的基础设施部分,这是图书馆知识生态系统中对用户来讲最重要的部分,既要满足大部分用户的知识需求,又能满足用户个性化知识需求的服务要求,这是首要目标。第二,服务团队人才队伍建设。在具备了知识资源、技术支持和各种制度保障的条件下,拥有一支强大的嵌入式学科服务团队就能够顺利开展学科服务工作了。建设的目标是提升人员的专业服务素养,尽量做到"一站式"服务,这是高校图书馆嵌入式服务努力的方向和目标。作为图书馆学科服务团队的成员,面对用户时,需要进行沟通和交流。在交流的过程中,需要仔细聆听用户的需求,要明确用户的动机、想要获得哪些方面的服务,采取哪种服务的手段和方式可以满足用户的需求。同时,在交流的过程中除了要明确用户的显性需求外,有时用户自身并没有意识到自己的隐性需求,这就需要馆员根据自身的工作经验仔细观察、暗中分析用户想要获取的隐形需求,然后把这两方面结合起来,才是用户真正的需求。只有全面考虑,才能尽可能地实现"一站式"服务。

除此之外,在嵌入式学科服务的过程中,要掌握有效沟通和交流的方式和方法,做到充分领会用户的需求,这也是图书馆学科服务行之有效的条件之一,重点是双方在交流的过程中,双方建立一种互相信任的服务关系,在融洽的氛围中有利于双方的联系和合作互动。由于用户的需求不是一成不变的,在服务的过程中,随时会发生变化,这样就需要图书馆学科服务人员紧跟用户的需求,及时调整目标,改变服务的方式和方法,搞清楚用户的真实目标,更加有针对性地进行学科服务工作。

二、高校图书馆嵌入式学科服务过程与策略设计的框架

传统高校图书馆的服务内容主要涉及图书借阅、文献检索、参考咨询等,而现在高校图书馆的嵌入式学科服务比传统图书馆的服务更为宽泛了,

服务的理念发生了本质的变化。传统图书馆服务是用户"走进来",嵌入式学科服务是以用户需求为服务目标,图书馆学科服务人员"走出去",过去是图书馆馆员为用户服务,现在是图书馆的服务团队为用户服务,用户可以在任意时间、任意地点获取图书馆的信息资源,还可以与图书馆学科服务团队的人员进行互动式交流,从"被动式"服务到主动参与到图书馆的学科服务。另外,根据用户需求不同,高校图书馆的嵌入活动大体可以分为以下三种:

(一)嵌入教学的服务

作为高校图书馆学科服务嵌入教学的方式有很多,在专业学科知识需求方面,图书馆学科服务团队可以推荐该学科的学习辅导书、习题集以及本专业其他学校教材、教辅书等,还可以提供学科导向性、应用性服务等;在论文写作方面,图书馆学科服务团队可以推荐开题前的查新服务、提供与论文题目相关的参考文献、数据统计方法、数据库的使用方法等。嵌入式学科服务的服务方式可以通过面谈、电话、座谈会等服务方式,也可以通过微信、QQ、飞信等互动式交流服务方式,也可以通过视频等新媒体交流的服务方式,还可以通过文献传递的服务方式,方式多种多样,也可以多种方法交叉使用。目前,这种嵌入式学科服务已经深入到教学一线的各个方面。

(二)嵌入科研的服务

作为高校图书馆学科服务嵌入科研的方式也有很多,可以为科研人员提供与该专业学科相关的最新资讯,也可以提供与科研项目相关的参考文献、与科研项目相关的国内外研究资料情况,还可以参与项目的调研工作、查新与立项等工作。嵌入式学科服务的服务方式可以通过面对面的谈话、座谈会等服务方式,也可以通过微信、QQ等互动式交流服务方式,也可以通过视频等新媒体交流的服务方式,还可以通过文献传递的服务方式,方式多种多样,也可以多种方法交叉使用。

(三)个性化服务

作为高校图书馆学科服务嵌入个性化服务的方式比较灵活,既可以参考嵌入教学的服务,也可以参考嵌入科研的服务,也可以把这两者结合在一起。在这种情况下,高校图书馆学科服务人员的身份可以是学术联系人,也可以是学科专家，也可以是研究人员，也可以是研究馆员等，不管称谓如何，服务的角色如何变化，其服务的主旨只有一个，就是最大限度地服务于用户、最大限度地把知识资源提供给所需要的人员，发挥图书馆在辅助教学、科研和管理等各项工作中的作用。

三、高校图书馆嵌入式学科服务过程与策略设计的工作流程

（一）嵌入用户工作流程的总体要求

高校图书馆嵌入用户工作流程的总体要求即为全程满足用户的需求。

首先，全方位服务。无论是在教与学的过程、科学研究过程还是管理过程中，都需要嵌入式学科服务团队人员根据用户需求及时开展嵌入式学科服务工作。

其次，要求跟踪服务。从时间段上讲，每一个工作时期，用户的需求情况会随时发生不同程度的变化，嵌入式学科服务团队人员要紧跟用户的需求变化，及时调整嵌入式学科服务的服务方式和内容，把握不同时期用户工作任务的特征，有针对性地进行嵌入式学科服务工作。不同学科、不同工作或学习时期的用户在图书馆提供的嵌入式学科服务过程中，对嵌入式服务的需求是不一样的，反映在学科服务的层次、方式、内容、程度方面都是不一样的，因此，只有学科服务人员伴随在学习、工作或科研的整个过程中，才能够为用户及时提供高质量、全方位的嵌入式学科服务。

再次，要求实现全时空服务。在互联网、现代通信技术和计算机技术日益完善的条件下，尤其是在新媒体环境下，只要网络和移动客户端可以满足服务的条件，就应该随时开展嵌入式学科服务工作，实现无缝式服务。

最后，要求有评价机制。行之有效的管理体制和评价机制是保证学科服务顺利进行的必要保障条件。嵌入式学科服务工作是近些年来，高校图书馆开展的用户服务工作，在服务的过程中，会有一些管理欠缺的地方，图书馆服务团队人员自身很难体验用户的感受，这就需要通过用户评价和考核管理制度及时解决存在的问题，理顺学科服务的工作流程，有助于进一步深入用户开展嵌入式学科服务工作。

另外，在嵌入用户工作流程时，还需要考虑用户分层管理的问题。为了

提高高校嵌入式学科服务的效果，建议对图书馆用户实行分层管理。虽然同一类用户基本有着相同的需求，但层次不一样的用户其需求的侧重点就会不完全相同。实行分层服务管理，有助于细化服务项目，提高服务的效率。

（二）嵌入用户工作流程建立策略

在建立嵌入式学科服务的工作流程时，首先，要明确用户的需求；其次，要制定相应的服务目标，把用户目标分为教学服务，或者科研服务，或者是个性化服务；再次，制定出服务方案，按照具体的方案开展嵌入式学科服务；最后，用户和学科服务馆员根据服务的结果分别进行用户评价及建议反馈，把两方面的意见结合在一起，总结与优化嵌入式学科服务，以完善工作流程。

根据流程嵌入的理论和对高校图书馆用户需求情况，本书以高校图书馆用户需求为中心构建了高校图书馆嵌入式服务流程，高校图书馆嵌入式学科服务流程如图3.3所示。

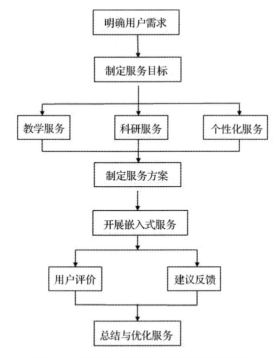

图 3.3　高校图书馆嵌入式学科服务流程图

在高校图书馆嵌入式服务流程中，高校图书馆服务团队人员与用户的任务和工作内容各不相同。一方面，用户有教与学、科研和管理任务的不同；另一方面，高校图书馆服务团队人员考虑的是学科服务的服务方式、服务内容、工作制度、绩效考核等，他们在服务流程中的地位和作用是不一样的，双方需要相互配合、密切合作，并且在服务的过程中，随时调整服务方案，确保服务的质量和效果。

（三）高校图书馆嵌入式学科服务过程与策略设计的分析与反思

在开展对嵌入式学科服务结果的行为分析与反思之前，学科服务团队成员与用户要进行充分的沟通与交流，针对服务结果的满意度进行调查，关键是双方要进行服务意见回馈，以便于改善嵌入式服务。高校图书馆嵌入式学科服务结果意见反馈示意图如图 3.4 所示。

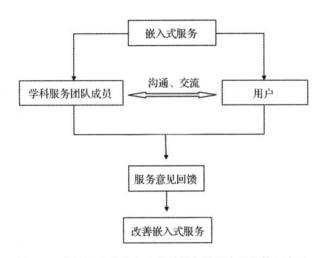

图 3.4 高校图书馆嵌入式学科服务结果意见反馈示意图

用户评价是指对服务结果满意或不满意、认为服务质量好或一般或不理想、是否达到了用户的服务目标、是否继续需要嵌入式学科服务等内容，是否愿意推广图书馆的嵌入式学科服务方式等，一般为判断式回答。用户的评价对嵌入式学科服务的影响是比较大的，因为用户是嵌入式学科服务的直接服务对象，对学科服务的效果有着最真切的感受，所以用户的评价意见有助于对学科服务的行为改善，它增强了用户的主人翁责任感，同时增加了用户参与图书馆建设的积极性，有助于学科服务的良性循环建设。

建议反馈则是根据嵌入式学科服务的效果，提出合理性的建议，从团队建设的角度，认真思考加快图书馆学科服务建设的力量，从每一个服务环节入手，分析、总结、改善服务流程，包括制度建设、文化建设、人员素质培养等各个方面。只有充分认识到嵌入式学科服务的优点和不足，才能有的放矢地进行完善学科服务，实现整体服务水平的提高。建议反馈来自嵌入式学科服务的两大行为主体，嵌入式学科服务团队人员和图书馆嵌入式学科服务的用户。学科服务团队人员与服务过程中，通过与用户的沟通和交流，认真观察与体会，会产生自己的意见和感受，因为学科服务团队人员是学校的工作人员或管理人员，所处的角色和地位与用户是不一样的，他们是从管理的角度去发现问题、处理问题、解决问题，所以提出的建议反馈会有一定的指导意义。只有把学科服务团队人员和用户的建议反馈综合起来考虑，才是比较全面的建议反馈。

学会从沟通交流中总结用户评价和建议反馈是一个很重要的问题。只有善于使用有效的沟通和交流的方法，用户才会在学科服务阶段性任务完成之后给出自己的评价和意见反馈。对于嵌入式学科服务人员，需要掌握一定的沟通和交流的技能，以便发现和总结用户的评价和反馈意见。

最后，对于嵌入式学科服务产生的用户评价和建议反馈意见，应及时进行整理并对现有的服务运行机制提出优化和改进。

第四节　高校图书馆嵌入式学科服务模式和改进措施

一、高校图书馆嵌入式学科服务模式

在高校图书馆知识生态系统中，由高校图书馆服务团队通过图书馆信息服务平台，为图书馆用户进行嵌入式学科服务的方式。在高校数字图书馆中，大量的知识资源存储在图书馆的信息服务平台中，由学科服务团队人员把经过提取和加工的知识资源提供给用户。协同合作机制是提高图书馆学科服务效果的条件保障，图书馆学科服务团队人员在学科服务过程中，实现图书馆学科服务团队人员间的相互合作，有助于取得用户满意的学科服务效果。面向用户需求的高校图书馆知识生态系统服务模型如图 3.5 所示。

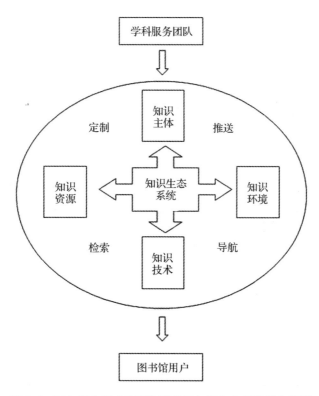

图 3.5 面向用户需求的高校图书馆知识生态系统服务模型

在高校图书馆嵌入式学科服务的过程中，不同的用户对高校图书学科服务模式的要求是不一样的。根据前面研究的内容，按照以下三种学科服务模式进行研究：

（一）面向"课程教与学"的学科服务模式

新媒体环境下，作为图书馆知识主体的教师、学生与馆员在此种学科服务模式中，分工与职责各不相同。高校图书馆馆员通过新媒体技术为教师、学生进行学科服务；教师和学生作为服务对象，通过新媒体技术接受图书馆馆员的学科知识服务；而学生同时接受教师和馆员的教学和指导。

教师通过制定教学计划、课程教学与考核对学生进行知识的传授和管理。教师可以利用新媒体技术向图书馆的信息服务平台搜寻教学课件、在线课程、所授学科的前沿性理论观点等信息资源，还可以向图书馆馆员提出关于课程的相关知识资料的需求，获得教学上的知识帮助。

学生可以凭借图书馆信息服务平台随时随地浏览专业学科的相关知识信息，做好课程的预习和复习，也可以通过图书馆馆员获取学科知识资源、信息资源和在线课程等。

图书馆馆员首先要维护图书馆信息服务平台各种服务功能的有效利用，然后才能接受教师或者学生的学科知识需求，为用户提供有针对性的学科服务。其次要收集、整理教师和学生关于该学科教与学的相关信息，整理分析出符合他们需求的知识产品，推送到信息服务平台以供分享。

利用新媒体技术搭建的知识资源库、知识元库、用户信息库、知识产品库集群等是提供信息服务的基础和保障，内含了图书馆收集到的所有课程信息，是教师授课、学生学习、馆员信息推介的知识源库。面向"课程教与学"的学科服务模型如图 3.6 所示。

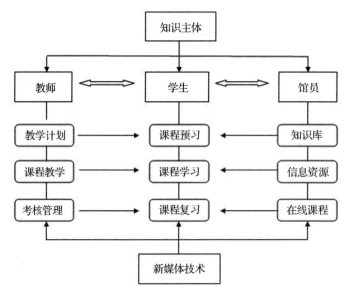

图 3.6 面向"课程教与学"的学科服务模型

（二）面向"科研项目和论文创作"的学科服务模式

新媒体环境下，作为图书馆知识主体的教师、学生与馆员在此种学科服务模式中，分工与职责各不相同。教师和学生作为服务对象，通过新媒体技术接受图书馆馆员查询的与科研课题相关的文献资料和信息情报等；高校图书馆馆员通过新媒体技术为教师、学生进行科研信息服务，如课题查新报告、文献综述、最新相关资讯等；学生同时接受教师和馆员的教学和指导，参与课题的研究工作。

高校教师在项目申报之前，首先需要课题查新，然后进行项目立项。通过与图书馆学科服务馆员的沟通与交流，图书馆馆员根据图书馆的信息资源情况，选择合适的数据库，然后进行资料查询，把查询到的与科研相关的知识资源以及引证文献收集在一起，提供给教师和学生参考使用，并在整个服务过程中进行跟踪服务，随时根据科研主题的内容进行文献检索，不断调整文献检索的方法和策略，把获取的信息再次进行加工和处理，传递给教师和学生。教师和学生在收到资料后，选择性地使用。在科研的过程中，不断地形成阶段成果，最后项目结题，形成最终的研究性成果。面向"科研项目和论文创作"的学科服务模型如图 3.7 所示。

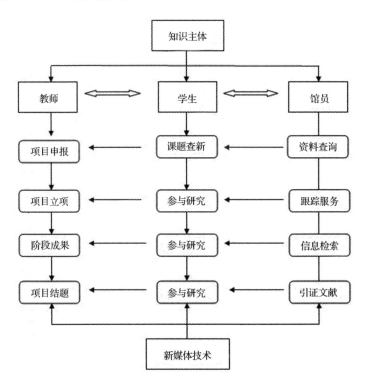

图 3.7　面向"科研项目和论文创作"的学科服务模型

（三）面向"学校科学管理"的服务模式

行政管理人员的主要工作内容是管理学校的行政事务，参与修订、制定与本岗位相关的管理方面的政策、管理文件等，管理人员的工作范围即涉及教师，也涉及学生。时移世易，学校的管理与时实是分不开的，因此，管理人员通过学校图书馆获取所需要的信息资料也是有效获取文献的重要手段和方法之一。相对师生与科研人员，学校管理人员的嵌入式学科服务需求相对要简单一些，管理人员进入学校图书信息服务平台，通过学科服务团队人员选择适合的数据库，确定较为准确的主题词或关键词，进入高级检索状态，获取信息较为方便。然后，学科服务人员将所收集的信息经过加工、处理、编辑，利用新媒体技术传送给管理人员。在学科服务的过程中，师生与学科服务人员，通过相互的沟通和交流，管理人员可以了解到师生的现有情况，在制定相关规章制度或文件时还可以作为参考意见使用。面向"学校科学管理"的服务模型如图 3.8 所示。

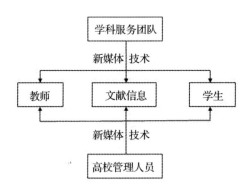

图 3.8　面向"学校科学管理"的服务模型

二、新媒体环境下高校图书馆个性化服务改进措施

新媒体环境下高校图书馆个性化服务效果取决于图书馆知识生态系统中知识主体、知识资源、知识技术和知识环境的共同作用的结果，只有这四大组成要素相互配合、相互合作才能起到"促生"的效果。

高校图书馆信息服务平台是用户获取信息资源的"中转站"，只有保证信息服务平台具有强大的信息处理功能和合理的数据处理加工的技术架构，才能实现用户的个性化服务。高校图书馆应该在资金上保障信息服务平台的基础建设，在技术上保障平台功能的实现，这样才能满足用户个性化的服务需求，做到服务快速、高效、便捷，给用户一个满意的服务体验过程，使嵌入式学科服务深入民心。

高校图书馆学科服务人员在个性化服务中起着关键作用，因此学科服务人员要具备一定的知识素质，这与个人的认知水平、技术水平、个人素养、道德修养是分不开的。在互联网、计算机技术、现代通信技术高速发展的新时代，图书馆首先应打造一支全技能服务的团体队伍，通过制度建设、人员队伍建设，从人力、物力、财力上保障服务团队的业务水平，才能切实实现个性化服务。这就要求，一方面，制定政策鼓励馆员提升自我业务能力；另一方面，要进行人员培训，通过调研、参加学术交流会、学术讲座、定期参加业务培训班提高服务人员的业务水平，这样才能做到将知识传授于人。另外，图书馆还应该建立健全考核与奖励机制，不断地培养人才力量，确保学科服务团队的活力。

知识资源是高校图书馆嵌入式学科服务的保障，没有丰富的馆藏资源很难做到个性化服务。与传统图书馆相比，现代图书馆的数字资源非常强大，数字资源建设早已列入图书馆建设的队伍中。如何设置数字资源的馆藏比例，合理规划学校学科建设，合理确定把学科资源与通用资源的购置比例成为图书馆每年政府采购的头等大事，这与高校整体发展规划的步伐是一致的，要把学校的学科建设与规划放在首位，根据学校的发展规划和目标制定图书馆的发展规划和目标，这样才能更好地服务于用户，才能提高图书馆馆藏资源的利用率，提高学科服务的服务效果。为了确保图书馆知识资源的馆藏，要与其他高校以及相关的机构建立正常的业务联系，及时进行沟通和交流，加强协同合作，做到资源共享，提高知识资源的使用率，为本校用户提供更多具有参考价值和使用价值的信息。

第四章　新媒体环境下高校图书馆嵌入式学科服务促生服务模式

第一节　知识资源方面的促生服务模式

新媒体环境下高校图书馆为了适应科技进步和社会大环境的需要，开始改变过去被动服务的模式，主动为用户提供信息服务，嵌入式学科服务模式被认为是当前环境下最能体现和发挥高校图书馆价值的服务方式。为了探讨这种服务模式如何才能更好地发挥它的作用，促进用户顺利、高效地完成工作任务，就需要对学科服务的促生模式展开研究。"促生"就是通过外来干预改变原来的成长方式，达到加速成长或者是提高成长质量的目的。新媒体环境下高校图书馆知识生态系统理论是按照生态学的理论来研究和分析嵌入式学科服务知识生态系统的，"促生"理念的引入，为高校图书馆嵌入式学科服务的研究提供了新的研究视角，是以新的研究方式解决传统理论所解决不了的问题。

研究高校图书馆的嵌入式学科服务促生服务模式，目的是使嵌入式学科服务更好地发挥作用，使嵌入式学科服务更加高效，即服务速度更快、服务质量更高。

本书把高校图书馆比作一个关于知识的生态系统进行研究，它按照生态系统固有的规律运行，在构成要素相互作用下，在环境的影响下进行动态调节平衡并进行正常运转，因此产生几种不同的促生服务模式。分别是基于知识链管理的学科服务促生模式、基于技术改造的学科服务促生模式、基于环境管控的学科服务促生模式。

知识资源是高校图书馆立身之本，是所有图书馆用户需求信息资源的"发源地"，针对知识资源的研究分为两部分：一是基于传统意义上的信息资源；二是在信息资源的基础上加工整理产出的新知识。

一、新媒体环境下高校图书馆知识生态系统——知识资源的特征

（一）资源形式呈"产品化"

图书馆信息服务是科技发展、社会进步的必然产物，知识资源作为知识生态系统的组成部分，其必然受到内外环境的影响，处于不断变化中，这种变化不具有方向性，具有一定的偶然性，服务方式、服务内容、表现形式都会发生变化，但是变化本身是必然的。针对这种必然的变化高校图书馆如何及时地改变设计学科知识资源服务产品，是生态系统自我平衡和自我调节的需要，是高校图书馆维持学科服务持续发展、知识生态系统和谐运转的需要，是顺应生态系统变化并引导学科服务新变化的结果。目前，各大知识资源运营商已经将知识资源作为一种"产品"进行了开发，使它具有规范"产品"的标准，包括技术参数、固定的生产、加工、制作等流程，然后经过数据商把它作为一种"产品"推销给各大高校图书馆，供图书馆的用户使用。这种经营理念促使知识资源服务逐渐步入正轨，并且符合所有特定消费者的不同需求。只有密切联系用户，通过用户的各种反馈意见，可以不断完善和更新产品，用产品打动用户并得到用户的认可。

（二）资源建设呈"多元化"

新媒体环境下网络技术和移动技术的发展，打破了信息传播的时空限制，改变了传统的交流方式和信息传递方式，用户随时随地都可以从网络中找到需要的信息资源。借助信息服务平台每一位用户都可以下载和上传信息，既是消费者又是生产者或传递者，更加便利地实现资源的共建共享。网络的强大功能彻底打破了图书馆信息垄断地位，迫使高校图书馆打开家门，走出象牙塔，在市场环境下"讨生活"，按照市场规律把自身掌握的知识资源作为产品输出，满足不同用户的不同需求。互联网技术为高校用户的全方位、开放式的信息服务提供了保障性条件，这种全方位、开放式的服务受到越来越多的高校图书馆用户的青睐。不同用户的参与形式不同，需要的知识

资源不同，这种多元化的参与是动态的，具有很强的生命力，也是符合知识生态系统运行规律的，最终形成知识生态系统的良性循环。

（三）资源形态呈"碎片化"

新媒体环境下网络技术和移动技术的快速发展，带来技术进步的同时也派生出了大量的信息，海量的信息充斥网络，由于信息更新速度较快，用户生活节奏的加快，"知识快餐"应运而生，这些"快餐"讲究时效，内容短小精悍。

（四）资源服务呈"全方位"

借助移动终端用户可以随时随地接收信息、浏览网页，移动终端的出现改变了信息传播方式，也改变人们的生活方式。全新的信息传播方式打破了高校图书馆坐等上门的被动式服务，利用知识资源和新媒体技术相结合，生产新的知识产品，实现了随时随地"全方位"的知识共享服务方式。

二、新媒体环境下高校图书馆知识生态系统——知识资源的体系构成

新媒体环境下高校图书馆针对用户提出的需求进行知识整理、分析、提炼、加工、共享等流程，把知识资源库扩展到学科信息资源库、学科知识元库、学科知识产品库和学科服务信息库，它们都是由知识资源派生出来的，是由学科服务团队根据已有的资源进行分类管理形成学科信息资源库，针对学科信息资源库，进行再次加工和整理，形成学科知识元库。针对知识元库中的知识，最终加工形成学科知识产品库，用户共享知识产品后通过交流和沟通得到用户的反馈信息形成学科服务信息库，这四个部分是独立存在又是一脉相承的递进循环关系。

学科信息资源库在数量上是最多的，学科知识元库的数量位于第二，次之，学科知识产品库只有一个。图书馆知识资源中所有的学科知识都存储在学科信息资源库，根据用户的需求先被选调到学科知识元库，然后被选调到知识产品库，由信息服务平台提供给用户使用。无论与用户沟通和交流多么彻底，在进行生产的过程中总会形成一定的偏差，当产品共享到用户时，反馈的信息不是十分满意，这需要进一步对知识产品进行调整，这促使学科信

息资源库不断更新，推动学科知识元库调整更新，进而调整出新的知识产品再次共享给用户，在这个调整的循环过程中，用户的评价和反馈意见及沟通信息是调整的依据之一，学科服务系统就是在循环服务中不断调整知识产品。高校图书馆知识生态系统——知识资源体系构成如图 4.1 所示。

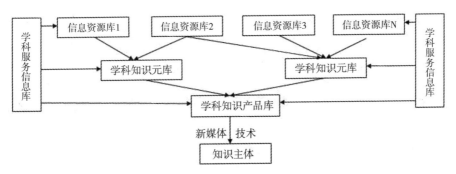

图 4.1　高校图书馆知识生态系统——知识资源体系构成图

（一）高校图书馆学科信息资源库

学科信息资源库是高校图书馆知识资源系统的基本库，它相当于将图书馆所有掌握的知识资源归类入库，是没有附加值的知识，它不是学科知识，不能直接共享给有需求的用户，但它可以以数据库或数据库群的形式出现在共享平台，用户可以通过检索的方式共享这些知识资源，这些资源以数字电子图书、期刊、学位论文等文献资源的形式呈现。如图 4.2 所示。

当前新媒体环境下各高校图书馆建设信息资源数据库都在数十个左右。数据之间没有逻辑上的关联关系，相同内容或者是相似的知识资源会出现在不同的数据库中，因此，用户在信息搜寻时会出现跨库检索，用户利用数据检索查询知识时费时费力，所得到信息资料重复冗长、缺乏系统性、可读性差，需要进一步整理、分析、提炼后才能形成学科知识。高校图书馆学科服务团队作为知识资源的管理者和信息服务的执行者，为了提高服务质量、吸引更多用户，需要进一步从大量文字、数字、符号所淹没的知识资源中整理、分析、归纳出系统的、更加直观的、快捷便利的知识资源，构建学科知识元库以便把知识精准地呈现给用户。高校图书馆学科信息资源库构成如图4.2 所示。

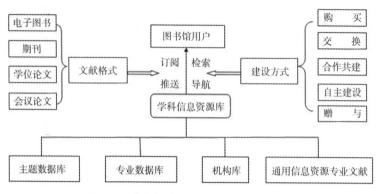

图 4.2　高校图书馆学科信息资源库构成

（二）高校图书馆学科知识元库

虽然学科服务研究已经进入了蓬勃发展时期，但是高校图书馆真正利用新理论、新技术、新手段构建学科服务系统还存在实践上的滞后，目前，数字图书馆信息检索系统仍然以文献单元为单位进行知识组织，用户从中获取到的是一篇篇文献，需要耗费大量精力从每篇文献中提取有用的知识，造成时间和精力的严重浪费。因此，在对图书馆资源的深度加工方面，应能够将信息结构的加工深入至知识建构的加工。例如，从文献中分解出知识单元，反过来将这些知识单元间或与文献间建立语义关联，从而产生新的知识。针对这个问题，国内外专家学者提出将知识的最小独立单元——知识元（Knowledge Element）作为知识组织的单位，而学科知识元库则是学科知识元的集合。简单来说，知识元是在作为知识表达的语言单位中不能再分的最小单位，知识元表达的知识单元具有唯一性，如"北京大学"是知识元词，因为"北京"一词、"大学"一词不能表达出"西安事变"一词的意思。"首都北京"就不是知识元词，因为首都与北京是一个地方，单独哪一词都可以表达出这个意思。所在，在数据库的不断更新和编辑中，只有针对知识元这一最小的知识单元进行更新，才更有新的意义和价值。

知识元库就是把杂乱无章、重复重叠、互不联系的知识资源通过构建一定的联系，形成具有一定线性关联的一个个知识元组成，而这些知识元都是为学科建设服务的、是加工新知识的基础、是高校图书馆做好学科服务工作的知识源泉。

(三) 高校图书馆学科知识产品库

学科知识产品库，顾名思义，是关于"知识产品"的仓库，收集的是"知识产品"，即为高校图书馆学科知识产品库，简而言之，是存放在高校图书馆里的"知识产品"仓库。学科服务的过程中，学科服务人员将学科知识产品库里面的知识资源推送给图书馆用户，以满足用户提出的服务需求，这个过程就是将知识元库中的知识进行深加工、处理后，形成了符合用户要求的"知识产品"。

所谓"知识产品"是借助于知识而产生的成果。它是指人类在改造自然和社会的实践中，为满足社会的需要，依靠知识、智力等要素，通过支出脑力劳动进行创造性活动的成果，以及以一定形式表现出来的一种自然科学、社会科学的成就。按照这一思路，本书认为，高校图书馆学科知识产品就是学科馆员利用文献信息中的知识单元和头脑中积淀的隐性知识，按照用户个性化知识需求，将隐性知识加工成各种支持用户知识生产、知识创新所需的且固化于某种载体的智力成果。

高校图书馆学科服务团队要进行学科服务是在图书馆现有的信息资源的基础上，通过不同途径获取学科领域前沿的信息资源，结合用户的需求，生产出带有通用性的、模块化的、高度集成的知识库，进行一系列商业包装，包括研究报告、对策建议、技术信息等宣传信息。通过宣传、培训等途径使用户了解知识产品，产生知识需求，然后根据不同用户的需求，有针对性地组织团队成员对知识进行与用户对接服务，以解决用户的实际问题，根据用户的反馈信息进一步提升知识产品实用价值。知识产品库的产品不是一成不变的，它随着时间和用户需求的改变而改变，它的改变不会影响知识产品库产品的通用性和模块化，知识产品库的模块化建设一方面是管理的需要；另一方面是针对用户的需求可以减少重复劳动，加快应答用户的效率。因为同一类客户的需求在本质上不会有太大区别，只是过程和方式上的不同而已。

学科知识产品库具有通用性和模块化，这些知识不是用来为一般平台用户共享使用的，它生产的新知识产品是带有针对性的，是针对用户需求开发的产品，它的通用性和模块化是为某一类研究群体进行量身打造的特定产品，通用性和模块化是基础，定制化、个性化、专业化才是学科服务团队的主要任务。

　　根据用户的需求进行学科服务，使新媒体环境下高校图书馆由"被动服务"走向"主动服务"，这种转变是受科技进步和社会大环境影响造成的，原来的用户有了更多的选择信息来源渠道，而且更加方便快捷，在这种情景下高校图书馆走出家门走向社会，进入到商品经济的市场大潮中，可以说，图书馆输出的知识产品是商品，它的服务是按照市场规律运行的，一切都遵循市场规律，它的产品——知识产品就需要体现价值，要有品牌意识，要有产品意识，才能在市场的大潮中生存下去，创造更多的价值。

（四）高校图书馆学科服务信息库

　　学科服务信息库是学科服务团队用来进行学科建设服务管理的重要依据。学科服务团队开发新知识离不开它的指引，知识更新离不开它提供的共享信息，用户共享新知识也需要通过它才能更好地了解知识开发的内涵、更好地掌握学习新知识，它包含团队进行管理、开发知识和用户需求及反馈意见等方面的所有信息，包括学科交流信息、管理信息、学科团队信息、需求信息等，是知识资源应用系统良性循环不可或缺的环节和重要组成部分。

　　学科服务信息库的信息来源主要有两个部分。一部分来源于系统外部，主要是用户信息，作为高校图书馆，它面对的服务对象首先是校内的学科服务对象，在充分了解学校学科建设规划的基础上，详细收集学校教学管理系统和科研管理系统的信息数据，作为开发知识产品的重点针对对象。通过共享平台与它们对接，通过交流和沟通收集它们的反馈信息。另外一部分是系统内部包括知识资源的信息、团队成员的信息以及使用知识产品用户的反馈信息等。高校图书馆学科服务信息库示意图如图 4.3 所示。

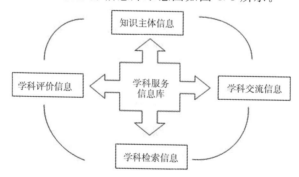

图 4.3　高校图书馆学科服务信息库示意图

三、新媒体环境下高校图书馆知识生态系统——知识资源的服务原则

(一) 知识元多变涌现原则

知识元是由知识主体创建的,它随着时间和环境的变化而变化,知识元是人为创建的,它可以随时随地被创建出来,并且它的创建带有知识主体的主观能动性,知识元可以被任何人、任何时间创建出来,所以知识元的产生、发展和灭亡都具有不可预知性,高校图书馆学科服务团队依靠知识元为客户生产知识产品,知识元越丰富对知识产品的价值提升越有帮助,高校图书馆都鼓励并积极参加知识元的创新过程,促使生产出更具有价值的知识产品,从而更好地提供给用户。

(二) 知识链灵活可塑原则

因为现代知识信息是即时的、动态的,所以学科服务团队要适应环境的变化,要及时地更新学科知识资源库、知识元库、知识产品库、学科信息资源库,并且要有快速的响应系统面对用户复杂多变的需求,这就要求知识链灵活多变、可塑性强。可以根据环境变化和需求变化随时组合、形式多样。

(三) 知识产品循环更新原则

知识产品的目的是为用户服务,满足用户需求,它的价值体现就是用户的满意度。所以,知识产品不是一成不变的,随着时间和用户的需求不断更新,每一次服务就是一次循环,知识元是可以分解重复使用的资源,分解后根据用户的需求组成新的知识产品。同一用户的多次服务就是一个个渐进的循环,通过用户的反馈意见更新学科知识资源库、知识元库、知识产品库、学科信息资源库,提供新的知识产品或者更新后的知识产品,这样不断地循环再生,提高知识产品价值体现,提高学科服务的服务效率和社会价值。

四、新媒体环境下高校图书馆知识生态系统——知识资源方面的促生服务模型

学科知识资源服务模型由三部分组成:第一部分为知识主体部分,它是建构和使用模型的能动部分,它们的主观能动性决定了模型构建方式和学科服务的发展方向。第二部分由学科服务平台、学科知识资源数据中

心、学科知识资源维护系统构成，它是整个知识资源服务模型中最重要的组成部分。第三部分为高校图书馆知识生态系统的外部关联信息，也就是知识生态的主要外部生态环境，它影响着知识生态系统的变化，学科服务主要依赖的生存对象，没有了它们也就没有了存在的必要。这三大部分通过各种技术和知识主体智慧结晶组成知识资源系统，共同实现知识的流转和共享。

（一）学科知识资源维护系统

学科知识资源维护系统是实现知识产品的关键所在，它是整个知识生态系统核心，关系着系统能否正常运转、实现完全意义上的学科服务。包括知识元模型构建、知识元抽取和知识产品模板构建三个部分。知识元模型构建是基础，它关系着知识产品的成败和质量高低。在搭建学科知识元模型框架时，架构是否科学合理关系着知识产品容纳的知识含量，关系着知识产品是否系统、完善。知识元抽取就是成员按照模型的框架，填充知识元，这些知识元可以来源于图书馆学科信息资源库中的数据，也可以来源于互联网资源，形成带有明显标志的学科知识元资源。知识产品模板构建就是根据用户需要和产品特点设计包装知识产品的外壳、外包装，用于装载服务内容，还有链接产品内容转接器。就像一般商品一样外面是箱子，箱子上印有产品名称、型号、功能的宣传和说明，里面是固定商品的垫子或架子。

学科资源维护系统是维持知识资源服务循环渐进过程的具体执行者，它通过知识元模块构建充实知识元库，针对用户需求析出知识元生产出知识产品共享给用户。在收到用户知识产品使用反馈信息后，对知识产品进行评价，更新用户不满意或不达标的知识信息，促进知识资源服务进入下一个渐进循环，为用户提供更加符合需求的知识产品。学科知识资源服务模型如图4.4所示。

（二）学科知识资源数据中心

学科知识资源数据中心是图书馆信息资源进行管理和存储的场所，它是知识资源服务的基础和载体，有了这个数据中心才能进行知识的生产和流转，才能实现知识资源服务的渐进循环。

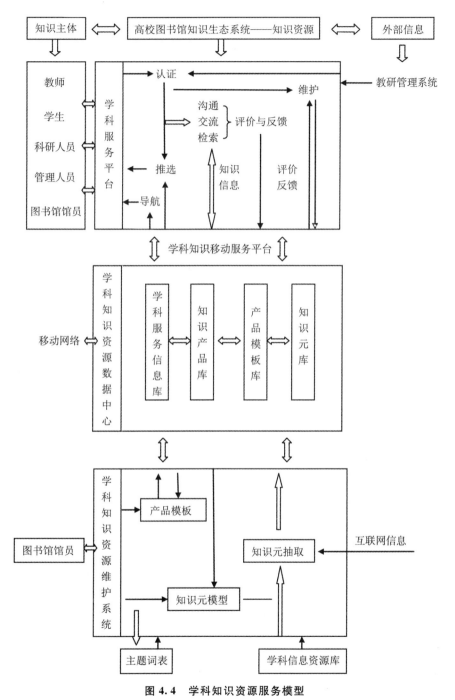

图 4.4　学科知识资源服务模型

存储在学科知识资源数据中心的知识资源质优可信。这里的资源通过

Web2.0的大众参与进行采选，经过严格的评估才能入选。入选的知识资源要经过图书馆馆员的二次专业采集，充分保证了采集信息的数量和质量。然后，图书馆馆员对入选的信息经过科学的分类方法进行分类和标引，使知识资源具有系统性和完备性。在学科知识资源数据中心，为用户提供了多处知识查询入口，供用户方便使用。数据中心集成了许许多多志愿者、学者、知识学科专家和教授以及学科馆员的知识和智慧，共同参与到知识平台共建的工作中，使学科服务具有了多维性和专业性，打破了以前馆员和用户两者参与的传统，建立了用户、馆员和专业人员共同参与的多维服务模式，保障了学科服务的服务效果。

（三）学科知识资源服务平台

学科知识资源服务平台是高校图书馆在提供知识资源服务时信息交互的使用平台，它具有一般共享平台的所有功能，包括信息交流、信息检索、信息导航、信息链接等功能。

1. 学科知识交流模块

学科知识交流是高校图书馆提供学科知识资源服务共享平台最基本的功能，任何一款多媒体共享平台都应该具有的功能，也是吸引用户和活跃系统的重要手段之一。除了部分单一性的、碎片性的问答交流，更多是一种虚拟的社交场所，交流的学科知识更多的时候表现为随意性、重复性、隐藏性等特点，缺乏系统性、学术性、针对性。由于网络的泛在性决定了知识交流的泛在性、交流主体的泛在性，虽然容易产生隐性知识的交流和外化，但碎片性和随意性决定它们很难被及时有效地提取利用。

2. 学科知识检索模块

学科知识检索是高校图书馆传统服务的延续，在新媒体环境下凭借计算机技术和移动技术得到更好的开发和应用，把过去简单的信息目录检索深化到知识资源、知识元、知识产品中，使其成为更具象化的、系统的、完整的内容检索。用户更多时候是自助式检索共享知识，寻找自己需要的学科知识并消费，只有在知识产品库中无法找到满足自身需求的知识产品时，才会通过共享平台沟通系统向知识服务主体发送知识需求，建立针对性的学科服务，由高校图书馆学科服务团队组织团队成员按照用户提供的知识元设计方案、组织知识产品生产，生产出满足用户需求的新知识产品。

3. 学科知识导航模块

学科知识导航功能是高校图书馆学科服务平台的基本功能，它是构架在知识资源系统内部的一条路径，把学科知识系统地、完整地串联起来，用户通过这些路径可以迅速、直接地链接到自身需要的知识产品中。

4. 学科知识推送模块

学科服务人员在没有收到用户需求时，根据自己掌握的知识资源，结合用户的交流、沟通过程中存在的用户自身尚未发现的潜在需求，生产出有针对性的新知识产品，主动共享到用户。

5. 学科知识评价模块

学科知识评价功能是高校图书馆为了提高自身的学科服务水平，更好地为用户提供新知识产品，收集用户在共享利用学科知识资源时所反馈的信息和评价，以及高校图书馆为了提高知识产品质量而预先设计的目标对已经共享的知识产品进行评价，并针对不适应用户需求和不符合设计标准部分进行更新和删除，促进学科知识资源服务良性循环发展。

第二节　知识技术方面的促生服务模式

一、高校图书馆移动信息服务的技术模式

高校图书馆信息服务主要是通过信息服务平台实现的，而信息服务技术则是信息服务的支撑平台，具有至关重要的作用。图书馆移动信息服务的技术模式是图书馆移动信息服务的基本模式之一。图书馆移动信息服务中所采用的信息技术以及图书馆移动信息服务技术系统的建设进行重点研究。

（一）高校图书馆移动信息服务技术概述

在新媒体环境下高校图书馆依托网络技术和移动技术，脱离传统的物理载体介质信息资源，通过数据库、计算机技术把电子数据把文字、图片、音频、视频等信息资料储存和处理应用到学科服务。图书馆信息技术就是获取、处理、存储、检索、传递文字、数字、图像、声音等信息而采用的方法

和设备的总称，包括计算机、通信、高密度存储、声像、复印、信息安全等。传统的图书馆信息技术是有物理载体的，依托纸张载体利用排版印刷技术、复印技术和缩微技术把信息和知识印刷成册，服务读者、传播知识，图书馆的现代信息技术则是依托新媒体技术利用计算机系统、网络系统、存储系统、自动化集成系统等把传统图书馆变成数字图书馆，把印刷成册的实体变成新媒体共享平台中虚拟的信息共享。

与传统的图书馆利用物理介质载体的信息服务相比，新媒体环境下图书馆借助网络技术和移动技术不但实现了信息资源存储的虚拟性，而且实现了无处不在的移动性，用户借助于移动客户端可以随时随地链接数字图书馆，共享高校图书馆信息服务，而这些功能的实现，首先归功于强大的互联网和移动客户端，它们是信息传播突破时空限制的最有力保障；其次是计算机技术、数据库技术、数据处理系统、移动技术和共享平台技术，它们是庞大信息处理、传播和存储的必要技术手段。对高校图书馆来说在新媒体环境下，外部依托网络运营商和移动客户端设备的开发利用，社交软件和社交平台的社会影响力和便捷易懂，用户个性化追求和生活习惯的改变。内部调动专业化人才积极性，结合成熟的配套设备，合适的软件供应商，打造出体现自身特点的高校图书馆学科服务团队，提供独具特色的学科服务。

（二）高校数字图书馆是图书馆移动信息服务的基础平台

随着科技进步和社会发展，新媒体环境下网络技术和移动技术也得到了飞速发展，知识信息的传播和交流因为网络技术和数字技术进步而突破了时空限制，每个人都成为"知识生产者"，大量碎片的、随机的信息充斥网络，成就了"信息大爆炸"。图书馆在这个信息洪流中必然不可能独善其身，要想生存必然要适应环境，利用新技术、新手段，发展新产品、拓展新思路，在市场的大潮中求生存，在市场规律中谋发展，最基本的改变就是数字图书馆代替传统的物理介质的图书资料、"汗牛充栋"的图书馆。数字图书馆打破了封闭的象牙塔，成为开放的、超时空的、智能检索的和虚拟的知识共享中心，它以数字化的信息资源为依托，依据客户需要把个性化的知识产品利用网络传递和共享给用户，实现学科服务。

新媒体环境下高校图书馆学科服务团队为用户提供学科服务依托的基础

是知识资源，这些知识资源通俗地讲就是数字图书馆，学科服务团队运用计算机技术、数据库技术、数据处理系统等将知识资源加工处理后形成可以检索的信息、可以共享知识产品，通过技术处理形成可以在客户端浏览的产品，存储到相关资源库，利用共享平台共享图书馆的知识资源，用户凭借移动客户端可以随时随地共享图书馆知识资源，与图书馆互动交流。

（三）移动通信网络

1901 年无线电诞生以来，改变了人们被"线"的束缚的历史，从此以后人们的交流方式突破了空间的限制，可以在任何地方实现通信联系，从电报到手机到现在的移动终端，科技的发展日新月异，改变了通信方式的同时也改变着我们的生活方式。目前，我们身边的 3G、4G 以及马上普及的 5G，这些宽带无线数据通信技术已成为我们生活中必不可少的一部分。

第三代移动通信技术（3G）最早于 1985 年由国际电讯联盟（ITU）率先提出并负责组织研究。第四代移动通信技术（4G）在系统带宽、网络时延、移动性等方面都有跨越式提升，按照 ITU 的要求，4G 网络在高速移动时可提供高达 10Mbit/s 的传输速率，而在静止状态下更能接近 1Gbit/s。目前 ITU 已经认可 LTE－Advanced，WiMAX 以及改良版的 HSDPA 作为 4G 国际标准。

无线局域网（WLAN）是利用无线通信技术与设备来组建计算机局域网，构成可以互相通信和实现资源共享的网络体系。无线局域网有三种常用的标准：802.lib、802.11a、802.llg。802.lib 是目前最普及的无线标准之一，也被称为 Wi-Fi，工作于 24GHz 频段，采用直接序列扩频（DOSS）技术，可支持 11Mbps 的共享接入速率，支持室外 300 米，办公室环境中最长为 100 米。802.11a 通常用于 WLAN 的中继链路而非用于覆盖。802.llg 既能适应 802.lib 标准，又能符合 802.11a 标准。

3G、4G 是可以在全球漫游的广域移动通信网络，但是数据吞吐速度明显低于 WLAN。WLAN 是在有限覆盖区域内的无线通信网络，但提供了高带宽。由于 3G 与 WLAN 在覆盖区域和带宽上具有不同优势和局限性，它们在技术上具有互补性。不少国家与地区正在利用"3G＋WLAN"发展无线城市。北京、上海、广州、天津、南京、青岛等十多个城市都在推进无线城市发展计划。

（四）移动终端

1. 手机

手机是便携式移动电话终端，包括普通手机和智能手机，是当前最主要的移动终端。目前，国内外图书馆开展的移动信息服务中大部分都是基于手机移动终端提供给用户的。普通手机除了通话功能之外，还包含短信息、WAP 上网、录音、照相、摄影、PDA、MP3、游戏等功能。随着第三代移动通信网络的发展，智能手机正逐渐普及，除了手机正常功能之外，还具备一个开放性的操作系统，像个人电脑一样支持用户自行操作。目前主要的智能手机操作系统有苹果 MACOS 系统、安卓（Android）、黑莓系统等。一些通过客户端软件提供的图书馆移动信息服务都是基于智能手机终端的服务。

2. 电子书阅读器

电子书阅读器是一种采用电子纸技术、LCD 显示技术为显示屏幕的新式数字阅读器，可以阅读现在流行的 PDF、DOC、JPG、CHM、TXT 等绝大部分格式的电子书。除了支持各种格式的电子书阅读，还有部分手持电脑的书写、简单的编辑等功能。

3. 其他移动终端

除了手机和电子书阅读器之外，图书馆移动信息服务的终端还有掌上电脑、移动互联网设备（MID）、平板电脑、MP3/MP4、电子词典、学习机等。

（五）应用软件

1. 短信息

短信息是借助移动通信网络在移动终端间传递文字和图形等信息。高校图书馆可以利用短信的方式和用户进行沟通，用户可以发送短信向图书馆点播或定制需求服务，图书馆收到短信后将相应的服务发送给用户。

2. 浏览器

浏览器是可以和用户交互的软件，通过交互实现数据信息的传送。智能手机可以通过浏览器连接互联网，上网查询信息。目前 WAP 浏览器支持大多数无线网络，所有为移动终端开发的操作应用系统都支持 WAP 浏览器。网页浏览器的作用是显示网站服务器的文件，包括文字、图片等，这些文字或图片也可以是连接其他网页地址的超链接，这样可以方便移动终端用户快速查询所需要的信息，非常方便。

3. 客户端软件

移动客户端软件是为了使手机等移动客户端使用计算机部分功能而开发的可以连接网络的多媒体软件。随着移动通信的快速发展，手机等移动终端的信息传输速率越来越快，单纯的通话已满足不了运营商和用户的需求，智能手机和便携电脑的应运而生，相关移动客户端软件也迅速流行。这些客户端软件的应用使用户通过一个平台即可体验到所有移动服务。另外，专业化的信息传递也催生了定制化的客户端，使用户有一个方便、快速获取个性化信息的渠道。部分图书馆已经开始为图书馆用户提供移动客户端软件服务。

4. 其他软件

为了解决数据存储格式不统一、使用不同软件登录不同的数据库、移动终端的操作不方便、跨库检索和资源访问等问题，高校图书馆的移动信息服务系统通过跨库检索技术对不同的数据库进行整合，也可以通过电子文档读写接口标准实现不同格式的数据资源之间的互联互通，整合所有数据、所有格式为用户提供可以方便浏览的统一格式数据。

二、新媒体环境下高校图书馆知识生态系统——知识技术服务的特征

互联网时代高校图书馆已从物理介质的信息时代走入虚拟网络时代，从坐等上门的被动式简单服务跨入主动式、复合式的学科服务，在多媒体、智能化技术不断推陈出新，手段日新月异的环境下，高校图书馆知识生态系统也伴随着社会生态系统的进步而进步。

现代通信技术飞速发展，3G、4G 网络已经被广泛运用，5G 网络也即将试运行，与此同时，智能终端设备也紧跟着 5G 网络的运行不断发展变化。随着网络的升级不断推陈出新，功能日益强大、智能化不断加强。随着

移动终端的日益广泛应用，需要的数据处理量越来越大，云计算技术的应用成为必然。移动云计算是网络技术、移动终端技术和云计算技术结合在一起，用户可以利用移动终端将自己需要计算和存储的任务上传到云端执行，为移动图书馆构建了一种崭新的应用模式。

新媒体环境下大量的电子数据、信息充斥网络，海量的数据储存和处理让传统的计算机无法完成，高校图书馆已从物理介质的信息服务转变到虚拟信息服务，大量转化的文字、图片、音频和视频资源需要存储和处理，这些都需要新技术支撑。随着科技的进步，实时的知识资源存储和高速的计算性能为解决海量数据的存储及处理提供了多种解决路径。避免了高校图书馆低级的重复性投入，把更多的资金和精力投入到解决移动技术平台，为移动客户端统一接入知识资源平台共享知识资源。

（一）海量的存储性能

云计算就是利用网络中的计算机和服务器来存储海量数据，就是利用网络上其他的每台计算机空闲的容量来存储数据，计算机越多存储的量越大，并且随着计算机的增加而增加。

（二）高速的计算性能

云计算就是把所有网络计算机使用虚拟技术构建成为一个整体，利用计算机的闲置资源统一进行计算，相当于我们同时可以免费使用成千上万台计算机来计算，是一项具有强大运算性能的网络服务，新媒体环境下高校图书馆可以利用云计算在学科服务过程中处理海量的信息资源。

（三）可靠的安全性能

云计算利用全网络资源将需要存储的资源存放到虚拟空间，并且有多份备份以防万一，它的可靠性和安全性要比自己的设备更加有保障。不会因为硬件损坏、病毒感染等因素损失数据。不仅如此，最大的价值是把图书馆工作人员解脱出来，以便有更多的时间和精力从事服务工作。高校图书馆利用云计算存储知识资源，既保证数据信息的安全，也保证了服务的可靠。

（四）强大的共享性能

云计算利用强大的运算能力和虚拟空间可以将所有数据整理链接到统一

的信息共享平台，实现各种移动终端无障碍链接，用户不需要再安装其他软件就可以随时随地访问图书馆平台。

（五）无限的扩展性能

云计算强大的兼容性将所有的计算机和服务器虚拟到一起，为用户的存储和运算提供了无限可能，实际运用中每时每刻都会有新的计算机加入，给云计算以无限的扩展性能。高校图书馆自身需要存储的数据巨大，为了提供更加具有针对性的学科服务还需要吸收更多的信息资源，这些庞大的数据需要存储，还需要进行分析、提炼，必须依托强大的运算能力支撑才能完成。云计算打破了时间的限制，为图书馆的学科服务工作提供了有力的技术保障。

三、新媒体环境下高校图书馆知识生态系统——知识技术服务的体系构成和结构

学科服务是利用计算机技术、网络技术和移动技术的发展至今的科技集大成者——云技术完成知识信息资源的存储和处理，以及云服务的信息共享平台。

以互联网为传输通道，基于现代通信技术的知识服务主要由知识虚拟资源层、数据处理层、服务管理层、应用平台层构成。用户可随时访问便可获得所需要的资源。

知识虚拟资源层是基础，是为云计算提供庞大数据资源存储的虚拟库。高校图书馆电子数据和管理数据都可以存储在虚拟的空间中，为学科服务团队、为用户提供学科服务具备最基础的保障。数据处理层是负责云计算数据运行和处理数据，依靠强大的运算能力和数据处理能力将虚拟资源层的庞大数据进行处理，提炼可以满足用户需求的知识资源，并保障云端数据资源的安全和完整。服务管理层是负责沟通用户和管理云计算资源，一方面，负责与用户的沟通，接受用户的需求请求，并安排针对用户需求的学科知识生产；另一方面，针对系统内部计算机资源、网络资源以及资源层的数据资源进行科学的管理。应用平台层是负责将处理后的知识资源共享给用户，一方面，接收用户需求转发给管理层处理；另一方面，将管理层处理后的知识资

源及用户需求的结果共享到平台。基于移动云技术的知识服务结构图如图
4.5 所示。

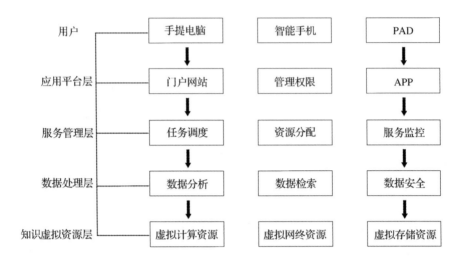

图 4.5　基于移动云技术的知识服务结构图

知识技术服务具有服务应用层、管理控制层、数据处理层、基础设施层
4 个层次。高校图书馆云技术知识服务结构如图 4.6 所示。

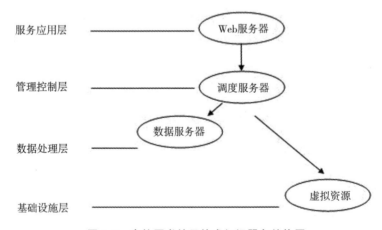

图 4.6　高校图书馆云技术知识服务结构图

（一）服务应用层

服务应用层直接面对用户，起到与用户间进行沟通和交流的作用，位于
最高层，该层的功能是向用户提供基本的软件应用服务，与用户交互对接

等。该层是整个高校图书馆知识生态系统的门面，它的好坏直接影响图书馆与用户的关系。因此，在设计和建立门户网站以及 APP 之前，应该把功能全面、简单易操作、界面友好、安全可靠等因素放在首位，只有这样，才能尽可能地做到满足用户的各种需求。

经过调查统计分析，目前图书馆在网站、APP 开发方面需要具备以下功能：一部分功能是传统图书馆服务功能，在赋予了智能化和平台化后可以通过移动终端实现，包括还书提醒、过期催还、快速续借、新书通报、预约到书等。另一部分功能与传统功能重叠又赋予了新的功能，或者是基于新媒体环境下的新功能：

1. 图书查询功能

通过移动客户端用户登录服务平台，输入所要查询内容，就可以浏览图书、期刊等的借阅情况。

2. 文献检索功能

用户可以选定主题词，通过不同的路径查询所需要的文献，也可以通过高级检索，进行更为精准的文献检索。

3. 数据库导航功能

推荐最新资讯、新闻通知等前沿信息，为用户提供方向性导航。

4. 馆内公告功能

随时发布图书馆的新动向，包括活动通知等，以便于用户提前做好参加的准备，做好计划。

5. 文献传递功能

图书馆现有资源找不到所需要的原文资料时，可以通过文献传递的渠道获取原文，一般提供方通过邮箱传递回所需的原文，它比馆际互借更为方便。

（二）管理控制层

管理控制层是整个系统的中枢神经，对图书馆的所有资源进行管控，它的管控水平的高低决定着整个知识生态系统的运行速率和社会影响力。还负责用户需求任务的分配、管理和结果。

管理层最基本的任务是对图书馆海量的数据进行云计算的存储管理，这种存储虽然有着成千上万个存储点，但在虚拟的空间中，它们之间都存在逻辑联系，在执行任务时，逻辑上是整个数据在运行，实际上，每一个管理节点都是一个独立的小任务在运行，当所有小任务完成后，逻辑大任务才算完成。

管理层最核心的工作是任务调度，从云计算系统的运营效率和资源利用的角度出发，最大效能地安排应用的作业执行顺序和各资源的分配策略。当图书馆需要增加计算或存储资源时，管理控制层负责将所需的资源调拨到图书馆的计算集群当中，资源最大化地利用、快速高效地完成任务。在为用户分配资源的过程中，管理控制层需要进行负载均衡，既保证单机最大利用效率，又不能过载负荷，造成单机的卡死，影响整个任务的完成速度和资源消耗。

（三）数据处理层

数据处理层的主要功能是数据采集、数据提取、数据记录以及数据分析。

图书馆所有知识资源库的数据来源，一部分来源于外部，通过购买获取出版社出版的电子图书、专家学者的论文电子版。另一部分来源于内部，将过去图书馆的图书资料通过扫描上传到资源库，学校老师的论文电子版、教师的教学视频及课件，学生和老师上传的其他合法的电子图书资源以及音频、视频资料。

数据提取是一个管理过程，上传的电子图书及文献资料不仅数量庞大，而且杂乱无章、重复上传，需要对上传的所有知识资源进行进一步整理，通过筛选、分类，删除重复数据，将同类资源归库管理，并建立相应的检索链接，方便用户快速查询、查找所需知识，并对数据进行加密、压缩及备份，更大限度地节约空间和快速传输。

数据记录主要是对用户活动进行管理的工具，简单说就是把用户的所有活动过程记录下来，如在图书馆里查询的内容、浏览借阅的内容、文献检索或数据库使用的情况等，然后对记录下来的数据进行分析，可以发现用户的知识需求及知识取向，方便图书馆对用户进行针对性知识推介。用户的个人空间也是数据记录的另一种形式。对用户的上传数据的记录，主要是对用户数据的合法性进行辨识。

数据分析主要是为了推断图书馆用户的知识资源获取的方向，为数字图书馆的运营提供指导性的意见，或及时补充馆藏资源不充足或调整内容过于单一的资源。

（四）基础设施层

基础设施层是基础，是整个高校图书馆知识生态系统运行的基本保障。基础设施层是整个高校图书馆云计算服务模式架构的基础层，基础层通过网络为用户的应用提供所有设施，包括处理器资源、存储资源、网络资源以及其他的各类计算资源等。基础设施层通过虚拟化技术为用户提供虚拟硬件资源，如虚拟主机、虚拟存储、虚拟网络等资源。

该层通过嵌入式云终端技术、虚拟化技术等，将网络节点上各类资源接入到网络中，网络节点上资源包括各类主机、服务器及工作站，也可以是上述机型的机群系统。实现各类节点资源的全面互联，并通过使用计算机集群技术，统一地对分散节点云图书馆进行调度管理，虚拟出统一的云计算服务模式，同时可以对节点进行增删，以实现图书馆云服务模式的优化配置，满足读者日益增长的资源需求。

目前各所高校计算机基础设施投入很大，已经有了自己的校园网，能够进行具备了相当数量的服务器资源，再补充部分设施就可以完成高校移动云图书馆的基础设施建设。

四、新媒体环境下高校图书馆知识生态系统——知识技术方面的促生服务模型

（一）高校图书馆移动云技术服务模型

新媒体环境下移动云技术是当前计算机技术、网络技术和移动技术相融合的有机结合的代表，从图书馆知识生态系统知识技术服务结构的分析可以看出，高校图书馆知识技术服务模式是自下向上建设、自上向下访问的。建设过程就是先建设基础设施层，将学校的网络连接起来构建高校图书馆服务系统，进行虚拟化，再将图书馆所有资料存储到虚拟空间中，每一个分支都要建立数据服务器，可以对存储的资源进行分析。然后建立调度控制中心，

对图书馆的各项资源进行管理、对用户需求的任务进行分配，对知识资源实施负载均衡，实现知识资源的共享，使用户可以轻松地访问平台的知识及各类服务。高校图书馆云技术服务模型如图 4.7 所示。

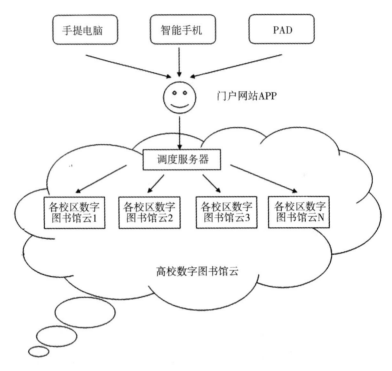

图 4.7 高校图书馆云技术服务模型

数据利用是指高校图书馆使用者使用个人电脑、手机和平板电脑等移动终端，通过高校图书馆的门户网站以及 APP 提供的接口，接入到数字图书馆知识移动云服务系统中，向服务系统提交检索服务请求。当图书馆信息服务平台接收到用户的需求指令时，会把任务自行分解给适用的软件资源、硬件资源，然后，把从图书馆知识资源中收集、整理、加工过的结果通过服务接口传回给用户。

（二）高校图书馆学科服务知识生态系统促生知识技术实现架构

知识资源在云计算的运行下，将资源库中的知识经过一系列内部整理、分析、加工生成符合用户需求的知识资源集成的过程就是知识的促生。高校图书馆学科服务知识生态系统促生知识技术实现架构如图 4.8 所示。

如图 4.8 所示，用户输入需求信息，感知服务器就会根据要求迅速进行云计算，经过匹配、合成形成资源集合体反馈给用户。在其中起决定作用的是云计算人工智能，调动控制大数据处理及云储存资源。

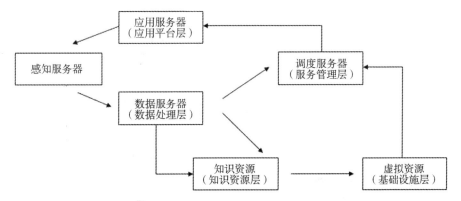

图 4.8　高校图书馆学科服务知识生态系统促生知识技术实现架构

（三）高校图书馆学科服务知识生态系统知识技术促生服务模型

根据以上促生知识技术服务实现的架构，经过实践检验后归纳形成了知识技术促生服务模型，高校图书馆学科服务知识生态系统知识技术促生服务模型如图 4.9 所示。

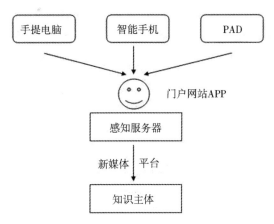

图 4.9　高校图书馆学科服务知识生态系统知识技术促生服务模型

知识技术促生服务模型的实现途径主要是"自下而上建设、自上而下访问"，它是建立在大数据云计算的基础之上的，利用云计算的强大运算能力、庞大的用于可比对的数据资源的存储实现人工智能，具备了较强的逻辑推算能力，实现资源的利用、调配、合理利用和控制，从纷繁复杂的信息资源中生成资源集合体，分析用户的需求及用户资源利用习惯，提供具有针对性的个性化服务，利用服务应用平台沟通用户，对知识服务质量及时监控和调整。

五、新媒体环境下高校图书馆知识生态系统——知识技术方面的促进策略

（一）搭建图书馆学科服务促生知识技术的新媒体平台

新媒体环境下高校图书馆利用各种新技术、新手段为促生知识技术搭建了良好的服务应用平台，这种知识技术的出现使得图书馆嵌入式服务得以实现。学科服务团队凭借新媒体知识共享平台可以充分发挥知识资源优势，打造更具优势的学科服务内容，加强市场竞争力度，扩大学科服务的社会影响力和服务的覆盖范围，吸引更多的用户参与进来，提高图书馆学科服务的创新水平和核心竞争能力。

（二）创建知识管理系统和知识地图

高校图书馆学科知识生态系统的构建和运行是建立在新媒体环境下的各种新技术、新手段的基础之上的。其中发挥主观能动性的是学科服务团队，它可以利用定制专业的知识管理系统帮助图书馆学科服务团队更好地进行知识管理。一方面，可以利用定制符合自身情况的知识管理系统，将显性化的知识按照一定的标准进行采集、归类、整理及组织存储；另一方面，学科服务团队可以创建技术知识地图帮助实现学科服务，为消费者寻找知识生产者，便于提高学科服务的服务效果。

（三）保持学科服务团队的稳定性

知识主体对生态系统有着决定性作用，知识生态系统是一个循序渐进运行着的系统，它的稳定性是压倒一切的关键所在，学科服务团队也必须是稳定性的。学科服务的网络稳定性与学科服务效果呈现正相关的关系。当图书馆学科服务团队学科服务的网络结构越趋向于稳定的时候，整个团队处于良性的发展阶段，团队成员彼此间的熟悉和信任、团队内部知识共享频次越高、转移效果越好，知识消费者可以更好地进行学科知识的接受、吸收和创

新运用。当图书馆学科服务团队处于不稳定时，造成隐性知识的流失、学科知识共享网络割裂。图书馆学科服务团队管理人员应尽可能多地关注团队成员的状态，最大限度地保证团队的稳定性。

第三节　知识环境方面的促生服务模式

一、新媒体环境下高校图书馆知识生态系统——知识环境的体系构成

高校图书馆的知识环境就是知识生态系统的学科服务环境，是知识生态系统重要的组成部分，在图书馆生态系统外可以辐射到其他的系统和环境，从而影响社会生态系统。知识环境受到内部、外部环境的影响，高校图书馆的基础建设、学校学科建设、人才引进、知识资源储备、用户群的培养都会影响知识生态系统的构建和运行，这都是内部环境影响。一切的社会文化、经济、教育、政策、制度、法律、舆论都是外部环境，涉及社会的方方面面，都会影响知识生态系统的运行，知识生态系统是内部和外部环境共同作用的结果。它作为社会生态系统的组成部分，必定会随着科技进步和社会发展而发展，也会对社会生态系统起到一定的推动作用。高校图书馆知识生态系统知识环境构成如图 4.10 所示。

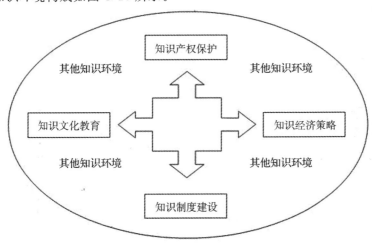

图 4.10　高校图书馆知识生态系统知识环境构成

高校图书馆知识生态系统是一个循环渐进的运行系统，但它的运行方向没有明确的指向，总是在一定范围内呈现波动状态，这种波动受知识环境的波动影响，知识环境的变化是随机的、不可预见的、不可控的。但是这种不可控也有规律，只要研究发现核心要素的运动发展规律，就能在一定范围内遵循、利导知识环境的变化，从而稳定知识生态系统的发展变化。

（一）高校图书馆的知识文化教育

文化教育是社会文明进步的表现，是社会生态系统的要素，是人们在认识自然、改造自然过程中形成的产物，同时用来反映人们认知自然过程的一种历史现象。新媒体环境下，高校图书馆知识生态系统的文化教育环境主要是学科服务团队成员在知识生产过程中所体现出来的知识素养，既表现在每个队员个体的科学、人文、专业素养，也表现在整个团队的整体素质和文化涵养。团队成员的个人素养会影响其他成员，所有成员在知识的学习和运用中不断提高，互相促进。对于外部来说，团队成员与用户之间的互动和沟通，同样会产生知识的交流与素养的相互影响，达到"物以类聚人以群分"的境界才是最好的效果。

1. 图书馆员的知识素养培育

图书馆员是学科服务知识主体中最重要的角色，馆员的知识素养决定着学科服务的水平高低和质量的好坏。新媒体环境下高校图书馆馆员应具备以下主要的知识素养：

（1）专业知识素养。学科服务摆脱了传统的坐等上门式的被动服务，凭借现代化的网络共享平台建立主动服务的嵌入式学科服务模式，馆员面对这种新形式必须提高自身学科知识素养。首先，在熟练地掌握图书情报知识、教育学、管理学等方面知识的基础上，不但有较深的学科专业知识，还有全能的多学科知识；其次，馆员面对新形势不但要有不断接受新知识的能力，还要了解学科专业的前沿研究信息，专业的发展前景，新媒体技术的应用等。

（2）移动技术知识素养。作为提供学科服务的知识主体，馆员必须要掌握移动共享平台技术及相关多媒体技术，计算机技术和网络技术是图书馆馆员的基础技能，也是学科服务的业务技能，只有好好地掌握新媒体环境下的各项相关技术，才能把握时代脉搏，才能有能力提供学科服务；掌握了这些技术才能在知识生产过程中研发新技术、创造新技术的素养。

（3）心理学知识素养。高校图书馆学科服务是输出方，必须把握需求方的需求出发点是什么，目的是什么，这些都需要馆员具有一定的心理学和教育学的知识，做到知己知彼，才能提供更好的服务。

2. 教师的知识素养培育

高校老师是图书馆学科服务的主要用户，如何提高学科服务质量，提供针对性的服务，需要了解高校教师这个群体的整体水平。教师应该具备一定的专业知识素养、教育心理学、管理学、科学文化知识素养等。除此以外，还应具备几方面的知识：

（1）新媒体技术和移动网络相整合的知识。高校教师作为传道授业解惑者，应该与时俱进，保持对先进技术的关注和了解，掌握并传授专业知识，针对学科专业领域可以利用的新成果、新技术完善教学环境。

（2）新媒体技术与专业技术相结合的知识。高校教师要把新媒体技术与专业技术融合在一起，创新改革教育教学的方式和方法，不断提升自身的专业教学能力及学生的专业知识素养。学生在学习掌握后应用到实践中变成自身的素养，如果一成不变地传授过时的专业知识，学生还未踏入社会自身学识就已过时，如何能培养优秀人才？

（3）教学科研和学科服务相结合的知识。高校图书馆正在试行嵌入式学科服务，有些已经取得了成功的经验，服务的主要对象、教师的教学和科研，高校教师应该主动与图书馆学科服务团队进行交流沟通，将自己的教学与科研需求充分表达出来，从而使高校图书馆学科服务团队的服务更加贴近教学要求，更加具有针对性。

3. 科研工作者的知识素养培育

（1）专业基础知识。科研工作者是针对某一领域或者某一专题进行科学研究的工作人员，他首先要有很强的专业基础知识，系统的理论知识，前瞻性的学科专业理念。其次要有不断学习新知识的能力，努力提升自身知识素养和知识结构，拥有不断向新理论发起科学挑战的专业能力。

（2）学科前瞻知识。科研工作者重点的工作是科学研究，科研工作者的能力体现在研究上，研究的内容一定是前沿的、尚未被证实的理论，这就要求科研工作者要有敏锐的洞察力，尤其是在学科的前瞻性方面，只有这样才能够抓住时机、把握方向，在新的领域开展研究工作。

（3）研究方法知识。科研工作者开展科学研究，不但要有专业的知识、系统的理论、先进的理念，关键还要具备科学的研究方法。方法就是生产工具，没有生产工具再多的原材料也加工不出产品，更要具有在移动环境下运用计算机技术开展研究的方法。

4. 学生的知识素养培育

大学生是被培养的对象，他们接受和学习的知识就是为了提高个人知识素养，培养学科专业素养。大学生应该具备以下素养：

（1）科学知识素养。科学知识素养是在教师的教育培养下，大学生通过听取教师的授课，网络平台的知识学习，通过对科学知识的系统学习不断提高自身科学知识素养，为了毕业后用所学知识去创造体现个人价值的产品，要在探索中不断升华自身的科学知识素养。

（2）人文知识素养。高校大学生的生活不仅要学习科学知识，还要经常通过自学、讲座等形式广泛涉猎历史、文学、艺术等方面的知识，参加一些社会实践活动、社交活动锻炼个人的社会交际能力、社会认知能力，不断提升自己的人文知识素养。

（3）社会学科知识素养。大学生阶段是人生世界观、人生观、价值观逐渐成形的阶段，对每个人的一生起着决定性作用的阶段，如何培养正确的"三观"是每个大学生个人的任务，也是高校、社会的责任。作为大学生个人来说，不但要学习理论知识、注重日常个人修养的培养，还要积极参与社会实践活动，关注社会难点、热点问题，关注身边人、身边事，运用所学知识认识社会发展规律、解决矛盾问题，不断完善自己的人格。作为学校和社会，一方面，通过教育、教学，教授学生树立正确的世界观、人生观、价值观；另一方面，教导学生面对形形色色的社会问题，如何去认识事物发生发展的本质所在，不要被表面现象所迷惑，透过现象看本质，用积极的态度去面对。

(二) 高校图书馆的知识产权保护

1. 高校图书馆知识产权保护的作用和意义

知识产权保护是保护知识生产产品的合法权益,以法律约束知识的生产、传播、利用,同时也鼓励知识的创新和利用。一方面,它保护知识主体合法的知识产品的权益,减少知识活动中对知识主体智力劳动成果的侵害,在保护和体现知识主体的社会价值的同时激发知识主体的创新激情和动力;另一方面,发挥着管理和调控的作用,限制甚至制止不良知识产品的生产,鼓励优秀知识产品的生产,促进知识型社会的建设和发展。

(1) 提供了法理依据。目前,学科服务处于发展阶段,很多产品为了吸引用户可能存在侵害其他知识主体利益和扰乱市场的风险。所以,在学科服务过程中必须遵守相关法律法规,防范知识使用的侵权行为的发生。

(2) 规范了服务制度。随着国家的法律法规进一步健全和完善,相关网络知识产品的权益保护将会进一步得到加强,规范网络产品的力度会越来越大。高校图书馆学科服务必须抛弃过去的随意性,制定严格的学科服务制度,将服务的内容、目标、质量以及反馈意见、服务结果都明确规定出来,从而促使高校图书馆学科服务健康可持续地发展。

2. 高校图书馆知识产权问题分析

知识产权是指"权利人对其所创作的智力劳动成果所享有的专有权利",一般只在有限时间期内有效。主要分类有专利权、商标权、著作权等。知识产权问题是高校图书馆学科服务中面临的最为直观和紧迫的知识法律问题。

(1) 信息服务平台中的知识产权问题。新媒体环境下网络技术和移动技术的迅速发展,知识传播打破了传统的方式,原有的法律法规无法跟上科技进步的步伐,出现了法律约束的空白。另外,知识信息的数字化,突破了纸质知识产品著作权的单一性,如何保护知识产权迫在眉睫。在高校图书馆信息服务过程中,学校知识资源库中的大量信息被使用,这其中就涉及使用知识产品的授权问题。如果数据库是从供应商处购买的产品库,那商业公司与作者之间应该签订授权协议。如果信息服务平台是学校自主研发制作的平台,应该注意两个方面的知识产权问题:原始著作权和自主知识产权。所以,图书馆一方面要不侵权;另一方面又要保护自己的信息服务平台不受侵害。

（2）知识资源使用中的知识产权问题。《国务院关于修改〈信息网络传播权保护条例〉的决定》第七条："图书馆、档案馆、纪念馆、博物馆、美术馆等可以不经著作权人许可，通过信息网络向本馆馆舍内服务对象提供本馆收藏的合法出版的数字作品和依法为陈列或者保存版本需要以数字化形式复制的作品，不向其支付报酬，但不得直接或者间接获得经济利益。当事人另有约定的除外。"高校图书馆可以依据法律规定使用文献资料，但是利用网络传播需要复制权授权。

（3）网络资源开发利用过程中的知识产权问题。《最高人民法院关于审理侵害信息网络传播权民事纠纷案件适用法律若干问题的规定》征求意见稿中第三条规定："网络用户、网络服务提供者未经许可，通过信息网络提供他人享有权利的作品、表演、录音录像制品，人民法院应当判令其承担侵犯信息网络传播权的民事责任。通过上传到网络服务器或者以其他方式将作品、表演、录音录像制品置于向公众开放的信息网络中，使公众可以以下载、浏览或者其他方式获得，人民法院应当认定其构成作品、表演或者录音录像制品的提供行为。"网络共享平台的应用方便了用户使用图书馆资源，但是一些链接资源可能会造成用户使用第三方资源时侵权行为的发生。

3. 高校图书馆知识产权问题的解决路径

（1）法律指导高校图书馆学科服务。学科服务一定要严格遵守相关法律，中国《著作权法》明确规定了"合理使用"的范围，具体包括：图书馆为学校教学或科研目的提供少量复制作品，以供教学和科研人员使用，但不得出版发行；图书馆以个人学习、研究、欣赏为目的，对他人已经发表的作品提供复制，其中，不包括计算机软件的个人使用；图书馆为陈列或保存版本的需要，复制或数字化本馆收藏的作品；国家为执行公务的需要，要求图书馆提供某些作品的复制等。为了图书馆能够更好地开展公益性服务，《著作权法》同时规定了图书馆的合理使用条款，对于诸如没有盈利的一般复制无须付费。对于学科服务，如果提供的是基于作品内容的总结知识及摘要、目次用于信息索取的基本信息，也不视为侵犯著作权。

（2）产权意识引导高校图书馆学科服务。相关法律法规对高校图书馆文献资料的使用放宽知识产权使用权限，是因为高校图书馆是为学校的教学和科研提供服务的，是非营利性、公益性机构。但并不是完全放开，图书馆不能任意地传播、复制馆藏文献和网络资源。

高校图书馆的管理工作主要由图书馆馆员来执行，因此要做好知识产权的保护工作，馆员有权利和义务严把知识产权关，阻止图书馆误入知识产权的纠纷之中。高校图书馆要做好知识产权的保护工作，首先建立科学严密的责任制度，规范知识产品使用行为，防止侵权行为的发生；其次组织馆员学习知识产权的相关法律法规和内部的管理规定，提高馆员的知识产权保护水平，熟悉自己的职责权限，及时发现和杜绝知识产权侵权行为的发生。

（3）多元化的知识产权保护结构保障高校图书馆学科服务。对新媒体环境下的高校图书馆来说如何保护知识产权是一项复杂的系统工程，图书馆只有利用多种手段、多方面设置、多层次管理才能更好地做好知识产权的保护。①建立文献资料审查制度。这是最为基础的保障，也是必不可少的第一层保护，既要保护外部资源的版权在使用过程中不被侵犯，也要保证内部资源的知识产权全面受到保护，不能出现纰漏。②应用高新技术提升知识产权保护水平。移动环境下，必须把权限关入制度的笼子，要充分利用访问控制技术、秘钥管理和加密算法技术、设置权限、实名认证等技术和方法进行防范。③健全学科服务产业保护措施。现在高校图书馆学科服务业务开展还处在初期实践阶段，国家还没有组织相关机构对学科服务的知识产品进行认证和保护，这需要高校图书馆自己对产品进行全方位的保护，必须要求从事学科服务的相关人员熟悉掌握网络知识、业务技能、法律知识和与第三方沟通交流的相关程序，从源头上避免纠纷和诉讼事件的发生。

（三）高校图书馆的知识制度建设

1. 高校图书馆知识规章制度的作用

图书馆制度是用来保证馆员、用户在利用图书馆资源时必须遵守的程序和规则，它是保障高校图书馆能够正常顺利进行运转的重要的、必需的手段。

新媒体环境下的高校图书馆学科服务是伴随着网络技术和移动技术的发展而诞生的新的服务形式，它的诞生适应了移动终端平台服务形式，方便了用户共享资源和交流，是图书馆界的新生事物，相关的移动服务的制度都没有制定，其他的相关规定还处于空白阶段，在一定程度上对移动服务的质量有影响。但也正是得益于缺乏规范，各种服务方式层出不尽，极大地促进了移动服务的发展。

"没有规矩不成方圆"，现在高校图书馆学科服务已经慢慢铺开，成功的经验和示范也已经被总结和归纳出来，高校图书馆需要按照相关的经验，结合自身的特点，制定学科服务制度，全面堵塞学科服务工作流程上的管理漏洞，提高内部工作效率，促使学科服务得到全面科学的发展。学科服务制度有利于规范和促进高校图书馆的学科服务建设工作。

制定学科服务制度会给高校图书馆其他制度带来一定冲击。每一个新生事物的产生都具有旺盛的生命力，它爆发出的活力是打破旧有的制度、框架、思想意识、工作思路的有力武器。在长期的工作过程中，馆员往往会有职业倦怠，对自己熟悉的思维方法、工作方式以及工作内容日久天长就形成了习惯，就会丧失工作的积极性。所以，在新的社会环境和新的工作任务要求下，必须对旧的规章制度进行改革，对工作环境、软硬件设施、业务流程、制度保障方面进行变革，推陈出新，在制度上予以保障，只有这样才能发挥团队的积极性、主动性，给工作带来活力。

2. 高校图书馆知识规章制度制定原则

新媒体环境下的网络技术和移动技术的发展对很多行业都带来了革命性的改变。2016 年 1 月，《普通高等学校图书馆规程》（以下简称《规程》）开始生效，新《规程》的出台标志着大学图书馆管理将迈入全新的管理时代。新《规程》将引领图书馆管理和服务工作向规范化、科学化轨道迈进，为大学图书馆规章制度建设拓宽了思路，为我国高校图书馆在"十三五"期间实现跨越式发展指引了方向。新《规程》的颁布和实施适逢其时，它从宏观管理的角度对大学图书馆发展框架进行了顶层设计。如何实现新《规程》与当前大学图书馆规章制度的有效衔接，在新《规程》指导下进一步规范图书馆管理活动，是当前图书馆工作者需要思考的现实问题。因此，图书馆在现代化的发展与建设的过程中，一定要严守国家的政策和法规，保证正确的前进方向。

要全面协调持续发展，确保健康生态循环。高校图书馆知识生态系统是社会生态系统的组成部分，并随着社会的发展而不断变化，所以学科服务制度的制定首先要考虑改换旧制度，把握学科服务的未来，制定出既符合当下，又着眼未来的制度。保障高校图书馆知识生态系统健康良好的工作。

制定规章制度的目的是为了加强管理，所以，在制定之前要充分征求图书馆学科团队人员、师生、科研管理人员的意见，深入群众，加强调研，本着从群众来到群众中去的原则，提前考虑制度的可执行性、合理性、公正性、公平性等，集思广益，听取图书馆用户的意见和建议，只有这样，才能确保制度的全面性和完整性。

3. 高校图书馆服务制度的健全与完善

提高工作质量和效率，保障相关群体利益，堵塞漏洞，减少内耗和扯皮是规范工作行为和操作规程的保障措施。所以，在学科服务的过程中，要随时根据需要及时修订制度，这样的制度才能够经得起时间和实践的考验，更好地为学科服务保驾护航。

工作制度不是一成不变的，我们要不断地总结、调整规章制度，在制定和实行学科服务制度后，要通过信息反馈、质量评估等方法发现其中的问题，及时进行修订或调整，保证学科服务团队旺盛的生命力和活力。

（四）高校图书馆知识经济策略

1. 高校图书馆的现实工作现状

目前，高校图书馆的学科服务工作尚处在初创和实践阶段，需要大量的基础设施、设备和软件投入以及高端人才的引进。但是目前国内高校投资主要围绕学科建设，双一流建设，以教研、行政等为主，相比较而言，对图书馆的建设性投资比较少，基本处于正常运营状况。在数字化建设方面，图书馆内的信息化、数字化、计算机设施往往比较陈旧，更新补充不及时，存在设备老化等问题，长期得不到根本解决。

高校图书馆的工作人员与学校各大学院、部相比，人员的学历水平、科研能力、创作精神等方面还是存在一定的差距。在传统图书馆服务形式下，人员的工作积极性、开拓性、创新性、学术性也相对比较低。虽然，国内目前有许多高校已经开展了嵌入式学科服务工作，但开展的深入程度还有待进一步深化，普通高校的服务能力也有待进一步提高，这需要学校在人力、物力、财力等方面的大力支持。

随着社会的发展和进步，物价不断上涨，各种期刊、杂志、专著出版的价格也在大幅度上升。各种数字资源经营商家的业务服务方式和手段也在日益多样化。虽然图书馆纸质文献的采购量逐渐下降，但数字资源的采购量大大增加，造成图书馆年度总经费需求一直处于上升状态。国家虽然对高校图书馆经费的比例有 5% 及以上的规定，但每个学校的情况各不相同，总体情况下，一般投资金额达不到所需要的经费，在一定程度上，给图书馆的经营带来了困难。

2. 高校图书馆经济问题的原因分析

出现以上状况的原因主要有三个方面因素：首先，国家政策造成不同层次学校差距巨大。部属和省属重点高校、普通地方高校获得国家投入的经费相差悬殊。这种不平等现象造成高校图书馆建设差别很大，有些学校无力投资图书馆建设。其次，高校决策者对图书馆建设重视不够。虽然，近些年来，各大高校都在宣传学科服务，但事实上，由于人务、物力、财力的不足，各大高校实际上开展学科服务的工作仍处在初创和实践阶段，还没有做出对科研教学工作有巨大影响的服务内容，既没有引起社会的重视，也没有引起高校的重视。图书馆是高校教学辅助部门，即使投入大量的资金，也不会收到明显的效益。高校领导对图书馆建设的重视程度也是非常重要的因素。最后，高校图书馆工作人员创新进取意识还有待提高。传统的高校图书馆在学校的地位不高，人员年龄偏大、学历不高。各大高校图书馆的人员结构不够合理：在学历方面，老同志中以专科、本科人员为主，中青年工作人员中，以本科为主，硕士生的比例在逐步上升。但是目前，图书馆或情报专业中，博士还是奇缺人才。在男女比例方面，女性馆员明显高于男性馆员，而且男性馆员的数量仍在减少。因为高校图书馆引进人才的学历要求越来越高，而博士生女性多于男性，所以，引进的人才中女性仍占大多数。由于女性馆员多数以照顾家庭为主,所以在工作方面,工作积极性还有待提高,业务的创新意识方面还有待加强。

3. 高校图书馆面对经济问题采取的措施

争取政府资金,加强学校建设。国家层面改变高等教育投入不平等的局面,尤其是中央财政的资金投入不平等,其次是争取地方政府的资金投入。高校图书馆也要挖掘自身潜力,多为地方政府提供信息服务、参考咨询、社情分析、决策建议等信息帮助,建立在政府面前的形象和体现价值,促使政府加大投入。

高校领导要加强对本校图书馆建设的思想重视引导学校加大资金投入力度,加强基础设施改造,加快文献数据更新,促进高校图书馆建设快速发展。高校图书馆要主动改变服务意识、拓展业务渠道。现在,高校图书馆用户不仅仅是师生和科研管理人员,服务的对象也不再局限于学校内部,既然是因为网络技术和移动技术的发展迫使高校图书馆由被动服务转变为市场行为的主动服务模式,就需要把服务对象推向社会,为企业开展市场行情分析、行业发展预测、促进企业技术革新和新产品开发、为企业收集分析竞争情报等服务,帮助企业在竞争中获得主动权。

二、高校图书馆学科服务知识生态系统知识环境促生服务模型

(一) 高校图书馆学科服务知识生态系统促生知识环境管控流程

高校图书馆知识生态系统的运行是在内、外部环境的共同影响下而进行正常运转的。内部环境中知识环境的影响至关重要。要想保持学科服务知识生态系统的良好运行,就必须加强知识环境管控,做到有效调控。高校图书馆学科服务知识生态系统知识环境管控流程如图 4.11 所示。

要达到精准管控的目标,必须针对重要节点设计准确的管控流程,需要成立由专家、用户、服务应用平台开发商、网络运营商组成管控组织,对知识环境管控目标进行分析、分解,对各种资源进行合理配置,降低成本、提高效率。制定管控方案、管控组织结构,明确人员分工和职能。根据管控结果调整流程中的漏洞或不足,合理分配权重。

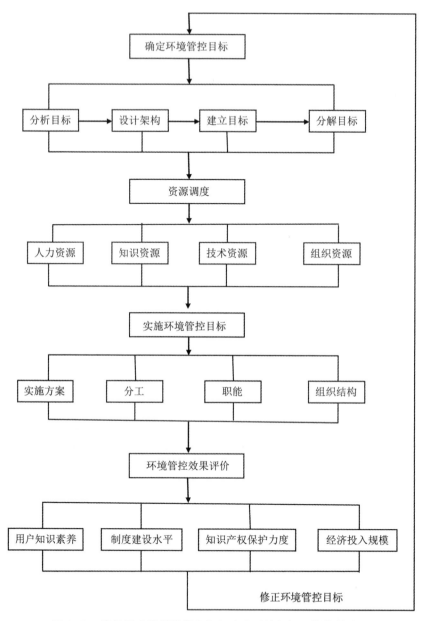

图 4.11 高校图书馆学科服务知识生态系统知识环境管控流程

（二）高校图书馆学科服务知识生态系统知识环境促生服务模型

高校图书馆知识生态系统的运行符合一般生态学理论，个体或组织种群之间的知识互动、博弈、创新演化过程组成知识生态关系，知识环境的管控要素、管控流程、管控措施，有效激发知识共享行为。生成基于环境管控的知识环境促生模型，高校图书馆学科服务知识生态系统知识环境促生服务模型如图 4.12 所示。

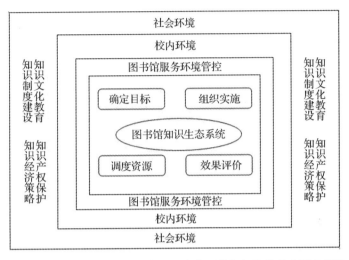

图 4.12　高校图书馆学科服务知识生态系统知识环境促生服务模型

知识生态系统知识环境促生服务模式分为用户知识分布关系促生、用户知识互动关系促生、用户知识竞争关系促生和用户知识演化关系促生四种模式，具体如下：

1. 用户知识分布关系促生

学科服务用户由于知识结构不同、自身知识素养不同，学科服务的知识诉求也各不相同。在知识共享过程中逐步形成不同的用户种群，种群用户的学识和素养基本相同，学科服务需求基本一致，团队提供的学科服务内容也基本相同，这些种群在一定时间和一定范围内不会变化，形成相对稳定的知识分布态势。当知识生态系统的内外环境发生变化时会通过影响知识强度和知识多样性，促使学科服务行为的发生，进而调整用户知识分布关系，知识分布态势也随之变化。这种促生是周而复始、循环渐进的。

2. 用户知识互动关系促生

高校图书馆学科服务团队的学科服务针对不同用户生产不同知识产品，通过知识共享平台共享给用户，形成不同的知识族群，学科服务需求相同的用户形成一个族群，他们使用同一个知识产品，在高校图书馆知识生态系统中拥有一条知识流转的链条，不同的知识族群拥有不同的知识链条，形成交错的知识链，用户和团队通过链条完成知识交互行为，建立知识互动关系。当知识生态系统的内外环境发生变化时会促使用户知识互动关系增强，促使学科服务行为的发生。

3. 用户知识竞争关系促生

在自然界生态系统中遵循的是"物竞天择适者生存"的规律，在知识生态系统环境中，是模拟的自然界的生态系统，必然存在竞争行为。有限的资源是竞争诱因，为了取得更多的资源必然要竞争，有时为了加强竞争力，个体或组织以合作竞争方式共同面对竞争对手。竞争就有输赢，胜利方可以得到更多的资源，失败方知识利益受损。有限度的合理竞争能够促进知识生态系统良性循环，激发学科服务行为发生。

4. 用户知识演化关系促生

知识生态系统的知识流转中的知识不是一成不变的，它的流转过程就是知识的不断演化过程，整个流程就是知识完成了一个循环。用户知识演化关系可以分为知识突变和知识互换两类。用户在知识共享过程中的增值产生知识突变、通过知识族群和外部组织之间进行知识互换，这些都为了知识突变所带来的更高价值，同样会促进学科服务行为。

三、高校图书馆知识生态系统——知识环境方面的促进策略

（一）掌握行业最新发展资讯

高校图书馆知识生态系统是受内、外部环境的影响，它的运行需要外部知识环境的大力支持，国家政策、法律法规以及社会环境都会对图书馆的发展产生宏观的影响，高校图书馆应该在学习国家宏观战略的基础上制定本校内部的工作制度，必须结合学科建设和专业的发展，结合自身的发展状况进行。

（二）加强图书馆学科服务团队文化建设

图书馆团队文化是一个团队的灵魂，它赋予团队生命力和感召力，使团队中的每个成员具有共同的价值观，有统一的行为方式和思维方式，共同凝

结成强大的合作力量。

图书馆学科服务团队应该有自身的团队特点和服务的特色内容，把学科服务做成独具文化特色的团队服务，形成一套大家认同的价值观、信念、仪式等组成的团队文化。团队文化可以使新成员快速融入团队，找到归属感，可以激发团队成员积极地贡献知识和智慧，形成积极向上的良好知识交流共享氛围，共同为学科服务贡献自己的智慧和力量。

（三）加强团结合作增进友好信任关系

图书馆作为一个整体对用户进行学科服务，学科服务团队内部成员之间的友好信任关系是干好一切工作的基石，知识主体之间只有加强通力合作，才能提高工作效率，更好地完成学科服务任务。图书馆学科服务团队的管理文化应该鼓励成员诚信为本、信任为基，相互之间加强沟通交流，培养信任的温床，共同努力完成学科服务任务。对于团队成员与用户之间的信任，作为服务的输出方，团队应该积极主动地与用户建立信任沟通的渠道，努力增进成员与用户之间的团结合作，在融洽的工作环境中开展学科服务工作。

第四节　高校图书馆嵌入式学科服务知识主体方面的促生模式

一、高校图书馆嵌入式学科服务知识主体方面的促进策略

高校图书馆嵌入式学科服务促生服务包括知识技术、知识资源、知识环境的服务等，前文分别提出了在知识技术、知识资源、知识环境等方面的促生服务模式，因为知识主体的服务在高校图书馆嵌入式学科服务中起着十分重要的作用，所以，本节还需要从知识主体方面展开研究，探索高校图书馆嵌入式学科服务在知识主体方面的促进策略。

（一）提高知识主体的学科服务意向和积极性

图书馆学科服务主要是由团队成员生产的知识产品，所以学科服务关键在人，人是有思维和情绪的，人的情绪会波动，如何调动团队成员的积极性，是每个团队领导者都要面对和解决的问题。对于人的积极性的调动主要

是精神和物质两个方面，精神方面以表彰、荣誉称号等方式体现其价值、社会地位，激励知识生产者奋发向上；在物质方面以相应的报酬提高知识生产者的积极性，让知识生产者体验到自身的优越性，满足其合理的物质需求和精神需求，同时，加强知识生产者的学科服务意识，保持图书馆知识生态系统的平衡。

强化高校图书馆用户的求知欲望，提高用户的接受意向和积极性。高校图书馆用户是知识产品的消费者，是图书馆学科服务的接受者，产品的好坏取决于消费者的认可度、接受度。学科服务是否成功取决于用户对知识的吸收和转化程度。对于用户的刺激也可以从精神和物质两方面入手，提高用户的转移意向和积极性，刺激用户树立危机意识，提高学习的积极性。

（二）发挥核心馆员的领导带头作用

以知识流转为主线的学科服务，在知识的流转过程中，有一些核心节点成员起着重要作用、发挥着较强的影响力。团队内部为了更好地完成学科服务任务，要发挥团队中处于核心岗位图书馆馆员的带头作用。核心馆员的影响力较强，声望也比较高，容易受到团队成员的认可。在核心馆员的号召力下，有利于开拓学科服务的服务渠道，加强团队的凝聚力，提高学科服务的效率。在核心成员的带领下，团队容易形成良好的知识文化氛围。

（三）提升知识主体的学科服务能力

高校图书馆学科服务起决定性作用是知识主体。要想提高学科服务水平就要不断加强对知识主体的培训和学习。一方面，团队内部经常组织以学科任务为主要目的的讲座、培训，刺激团队成员之间加强沟通交流和学习；另一方面，要对用户进行培训和学习，加强团队的服务理念和服务内容的培训，提高用户接受学科服务的能力，培养他们知识接受、知识的创新能力。让用户意识到自己的不足，激励他们学会数据库的使用方法、阅读工具的使用方法、检索工具的使用方法和检索的策略，通过不同的学习渠道增加知识存量，鼓励用户进行不断的学习。

（四）提高图书馆学科服务团队管理者的能力和积极性

高校图书馆学科服务团队的学科服务水平高低、能力大小关键是团队管理者的能力和积极性。"兵熊熊一个，将熊熊一窝"说明管理者的重要性和决定性。管理者负责团队整体的管控和监督，组织全体团队成员有计划、有目的地进行培训、学习。分配学科服务任务，将团队的新知识产品进行保存和存储并共享，经常对团队成员进行"学科服务知识先行"的培养，激励团队成员好好学习，不断增加自身的知识储存量，明晰知识的结构，要求馆员好好学习，在学习中不断地充实和完善自己，提高知识的存储量，只有这样才能服务于人。

作为管理者，应赋予团队充分的权利和管理权限，培养管理者的全面才能以及对团队的学科服务的具体情况。加强培训和学习提高管理者的知识水平和能力。充分调动管理者的积极性，激发他们的管理能力和创造力。给予管理者宽松的工作环境，从精神和物质两方面提高他们的积极性，让其带动学科服务团队的发展和进步。

二、高校图书馆嵌入式学科服务的人才队伍建设

科技是第一生产力，科学技术是人研究出来的，所以说，当今时代人才是最宝贵的，人才是事业发展的第一要素。高校图书馆学科服务团队的学科服务起决定因素的是人，嵌入式学科服务起决定因素的是图书馆学科服务团队的人员，这是提供高效学科服务的必要保障条件。

（一）图书馆学科服务馆员的定位

学科馆员在嵌入式学科服务中的角色定位决定了对其能力素质要求。如果说传统的学科馆员职责以学科资源建设、参考咨询、用户培训、院系联络为特征，那么近几年随着学科服务范畴不断拓展，对学科馆员的能力素质要求也在不断提高。随着信息环境、用户需求与行为的变化，学科服务也在不断适应新形势，驱使服务向纵深发展，而伴随新的业务的拓展，学科馆员逐渐承担起更多传统图书馆服务所不具有的角色和任务。在继承了第一代学科馆员角色职责的同时，第二代学科馆员还成为学科信息作者与发布者、信息资源管理者、知识管理者、研究人员、虚拟交流的组织者。第二代学科馆员与第一代学科馆员最大的区别在于服务模式的变化，即嵌入式学科服务。

嵌入式学科服务首先要了解和建立用户信息，包括用户的环境信息，用户科研和教学的主攻方向以及现在处于哪个阶段，用户的需求是什么。其次

针对用户需求和信息进行分析，设计学科服务方案，并围绕方案组织知识信息，为用户提供需求的服务内容，并有效组织嵌入用户环境与科研过程的全方位信息服务。

1. 学科信息联络员

在高校图书馆的嵌入式学科服务中，图书馆要通过学科信息联络员针对不同的用户对口或分片联系学校的老师、学生和科研人员等用户，建立用户信息档案库，管理用户的基本信息、需求信息、学科服务的相关信息，建立经常性沟通交流机制，并针对用户的学科发展方向推介图书馆资源和学科服务内容。

2. 信息素质教育家

新媒体环境下，高校图书馆要把学科服务当作一份产业来经营，不但要宣传学科服务、推介学科服务，还要培植用户群体，不断扩大服务的群体和内容，不断提高学科服务的社会影响力。高校图书馆除了巩固和深化已有的用户群体，还要针对潜在的用户群体加以引导、培养，发展成为真正的用户。

信息素质教育家一方面针对用户开展信息素质教育、提升用户信息能力，缩小学科服务团队与用户的知识结构和知识存量的差距，培养用户的学习能力和学科信息掌控能力，及时把握日新月异的学科信息，使学科馆员的嵌入式学科服务能够无缝连接到用户的教学科研活动中去，是嵌入式学科服务的重要内容；另一方面组织潜在的用户进行培训和学习，推介高校图书馆嵌入式学科服务内容，激发潜在用户的学科服务的潜在需求，使潜在用户变成学科服务用户。

3. 学科咨询专家

新媒体环境下高校图书馆学科服务团队的嵌入式学科服务要求学科馆员的个人素养要达到某个学科领域的信息专家的水平，否则无法提供咨询服务，也不会得到用户的认可，所以学科馆员不但要熟悉图书馆的业务，还要熟练掌握某个领域或多个领域的学科专业信息资源；不但要熟练掌握操控信息检索、分析的方法及技巧，还要熟悉学术交流、出版、知识产权等方面的信息资源；既能解答用户的信息咨询，又能针对用户的研究提供专业信息指导，成为学科咨询专家。

4. 学科情报专家

图书馆馆员逐渐融入用户的项目研究，并取得信任和地位，从而成为用户的信息顾问，分析、提炼相关领域的科研信息，这些信息可以为用户提供决策咨询，也可以为用户提供学科情报。这些情报包括学科领域研究的世界最前沿理论和发展态势，世界范围内具有相同研究的科研机构以及各机构的竞争力等。

5. 信息管理专家

学科服务实际上是利用图书馆占有的庞大的知识资源为用户提供知识产品的服务，传统的高校图书馆占有并垄断物理介质的知识资源，在网络技术和移动技术的冲击下垄断地位已不存在，但利用新技术图书馆可以占有更加海量的知识资源，利用网络技术和云端技术，高校图书馆不但占有海量的知识资源，而且分层次、分阶段管理知识资源库。还为用户输出专业化的知识管理工具和知识挖掘工具，提供知识资源、科研数据的管理支持，帮助用户建立学科领域的知识管理与组织体系。

（二）嵌入式学科服务中的学科馆员能力素质要求

作为图书馆的工作管理人员，不但要熟悉图书馆的信息服务业务，还要熟练掌握相关领域的专业信息资源；不但是信息专家，还要是法律、出版等行业的顾问。专业知识能力、专业服务能力、专业职业发展能力是全新视角下对嵌入式学科馆员综合能力的高度概括。

1. 专业的知识能力

过去高校图书馆的工作人员学历水平普遍不高，所以谈不上学科知识专业。学科服务是利用云计算、数据库技术、数据处理系统等新技术、新手段，生产加工知识产品，以新知识产品去为用户服务。嵌入式学科服务在以下五个方面对学科服务团队人员的专业知识能力提出了具体的要求：

（1）学科信息的发现能力。作为信息顾问，这就需要学科馆员利用计算机技术、数据库技术和数据处理系统从图书馆知识资源库的海量数据中发现和提炼出用户最新的、最有价值的学科信息，凭借熟悉和掌握相关领域信息资源的规律和获取信息的方法，及时将专业信息与用户的科研项目关联，为用户的学科研究保驾护航。

(2) 信息分析研究能力。嵌入式学科服务的学科馆员凭借着信息分析、学科情报融入用户的项目运行，成为用户学科项目的信息顾问。所以学科馆员要利用对相关领域世界最前沿理论和发展态势、相同科研机构的竞争力和研发方向及能力等信息分析，与收集的用户在学科领域的地位及研发能力等信息比对。解决用户的理论问题、技术问题，并组织相关的论述理论知识产品，为用户的学科研究提供参考和借鉴。

(3) 学科信息资源集成组织能力。学科馆员为用户提供的学科服务的信息，实际上就是一个把学科知识资源进行整理和深加工的过程，从图书馆的知识资源库、知识元库以及用户信息库中，把用户需求的信息通过检索、加工生成知识产品。并针对用户建立相应的知识产品库和知识管理库，为用户提供专业性和个性化的知识资源。

(4) 新技术的运用能力。新媒体环境下高校图书馆被迫改变为主动服务的嵌入式学科服务模式，这一模式的运行依靠的就是计算机技术、网络技术和移动技术。所以，嵌入式学科服务的学科馆员首先要熟悉的就是数字图书馆业务，计算机技术、互联网技术、数字多媒体技术、智能技术都是学科馆员的必修课，只有掌握了这些技术才能完成知识的收集、检索、分析和加工，为用户提供学科信息支持。

(5) 掌握信息政策与法规的能力。数字环境下的科技创新是在不断借鉴、融合、交流过程中进行的，这使知识得到广泛的应用，同时相关的知识产权问题也日益突出，用户面临着网络环境下的知识产权、隐私权、信息安全等问题。要很好地解决这些问题，相关的政策、法律法规、伦理道德建设就不可或缺，因此，学科馆员要熟练掌握有关信息利用的法律、法规与相关政策，帮助用户在知识产权法规许可范围内，合理合法地组织信息资源、利用信息资源，并创造新的知识信息。

2. 专业的服务能力

(1) 专业领域的知识能力。学科馆员是服务信息与专业信息相结合的复合型人才，所以必须要熟悉掌握某个学科领域的专业信息。只有掌握了专业信息才能嵌入到学科项目中，没有掌握专业信息的图书馆馆员只是一个信息检索工具，还不能融入到用户的学科项目中去。所以，学科馆员拥有很强的专业知识必须是第一位的，这是与用户沟通交流的基础和根本保证，是学科服务的关键所在。

（2）科研教育活动能力。嵌入式学科服务中的学科馆员应该成为专业化的信息素质教育中最优秀的老师。学科馆员所提供的系统化、专业化、经常性和泛在化的信息素质教育是其独有的能力。学科馆员要能够根据用户需求设计不同的教育和培训方案，包括为教师的专业课程设计一套配合教学的培训方案，通过与任课教师合作，为学生提供学习参考资料，进行论文写作指导，为研究生设计终身受益的信息技能与方法培训方案，为科研用户设计学科研究的信息获取与管理方案，并提供相应的培训服务。

（3）用户行为分析能力。服务是一种市场行为，输出服务就需要了解分析客户的需求。

要精准定位，提供用户所需要的"知识产品"，同时，为了通过分析寻找用户群体的共性和特性，并建立相应的用户信息库，共性问题统一方案，针对特性可以更加高效地提供特色服务。

（4）协同组织管理能力。新媒体环境下，高校图书馆面对的是学科服务的用户群体，它们涉及各个领域、各个专业和各种各样的需求。对学科服务团队内部来说，调动每一个队员的积极性也是学科馆员的能力之一。发现用户、培养用户、挖掘潜在用户并管理好用户；凭借专业知识利用计算机技术收集、整理学科信息；整合团队内部力量为嵌入式学科服务提供资源、技术、情报上的支持就是作为学科馆员的协同组织管理能力。

（5）服务组织营销能力。嵌入式学科服务是一种主动服务的方式，是需要推介的服务模式，所以学科馆员要具有市场营销知识和策略，通过沟通和交流与用户建立经常性联系，根据用户的需求，找准切入点把学科服务和用户的项目研究有机地结合起来，把针对用户学科服务方案以及学科服务团队的服务理念、服务产品推介给用户，使用户接受学科服务并建立信任与长期的合作关系。

3. 专业的职业发展能力

（1）持续学习能力。新媒体环境下的网络技术和移动技术的发展，使得科学技术和信息技术日新月异，在这个信息爆炸和个性张扬的时代，作为提供信息服务的图书馆必须不断更新存储的知识信息资源，收集新出现的知识信息，组织图书馆馆员进行新知识的培训和学习；作为学科馆员必须具备快速掌握新知识、新技术、新方法、新工具的能力，不断提升学科服务能力。

（2）持续科研能力。融入高校教师和研究人员的科学研究项目中，并且以信息顾问和情报专家的身份指导学科研究，这就要求学科馆员必须具备科学研究技能，熟悉科研活动的方法、流程、技术，并善于总结经验为学科服务。

（三）嵌入式学科服务中的人员队伍建设机制

目前，学科服务已经打破了传统的服务模式，变被动服务为主动服务，这些改变是传统的图书馆馆员的能力所无法完成的，要发展嵌入式学科服务模式首先要解决的问题是人才引进问题，没有人才的学科服务是无源之水无本之木。当然，引进人才后必须要有一整套管理激励机制，不断提高学科馆员的综合素质的同时，确保嵌入式学科服务具有旺盛的生命力。

1. 建立学科服务团队组织机制

选拔优秀的专业人员充实到学科服务队伍是至关重要的。要通过建立开放的学科馆员选拔任用机制，吸引更多优秀的人才加入学科馆员队伍，并逐步建立和推行学科馆员资格认定机制。在美国，不是所有的人员都可以从事图书馆的馆员工作，有着严格的从业资格认证制度。如果想要从事大学图书馆的学科馆员工作岗位，首先要有美国图书馆协会认证的图书情报学院的硕士及以上学历，并且已经获得了至少一门其他学科的专业学士学位才可以。学科服务人员的团队组织来源：可以选拔符合条件的优秀业务人员，或者引进高素质人才，或者聘请外单位的兼职专家等。

2. 建立有效的人员管理机制

无论多么优秀的人才都需要制度来约束管理，没有规矩不成方圆，只有完善的管理制度，才能激发人才的积极性，才能体现人才的价值。所以，必须建立针对学科馆员的岗位管理制度、考核制度和保障制度等一系列制度。

3. 建立持续长久的人员学习机制

学科服务团队人员赖以生存的能力就是结合信息数据处理和分析能力、

专业信息敏锐判断能力、对外部环境研判的综合素质，这些能力都随着知识的更新、环境的改变而改变，所以要建立学科馆员能力提升的长效机制，不断促使学科馆员学习新知识、新方法、新技能，激发创新意识、提升服务水平。

学科服务团队人员的学习主要达到三种能力的提高：第一要通过学习，熟练掌握信息检索、信息整理、情报分析、信息加工、知识资源的转化等技术手段；第二要通过学习和培训不断提升专业领域的科学知识的驾驭能力，从前沿信息理论的分析中挖掘与用户学科项目相匹配的知识资源；第三要通过学习，掌握学科领域的市场竞争力和发展前景，为用户的科研方向做出预判和指导。

4. 建立人员考核评价机制

建立科学合理的学科服务团队人员考核评价体系。通过建立科学有效的评价指标和评价方法，把日常工作行为规范的文件和管理制度，督促学科服务团队人员做到工作自律自省，使学科服务人员为实现自我价值而创新工作，不断激发学科服务人员在服务用户中自觉提升自身综合素质和服务能力，不断扩大学科服务的影响力。

第五章　高校图书馆嵌入式学科服务的组织机制

第一节　高校图书馆嵌入式学科服务的组织机制

高校图书馆嵌入式学科服务是一种全新的服务模式，它不仅是图书馆服务模式的一种创新与尝试，而且让图书馆与用户的交流及沟通更加高效，使图书馆的服务模式从根本上产生了转变，但是，它需要与之契合的组织机制来支撑和保障它的运行。在图书馆的传统服务业务中，图书馆馆员的服务身份是工作的联络员，开展用户的信息服务和人员的素质培训工作，提供参考咨询服务。自从开展嵌入式学科服务工作以来，图书馆馆员需要深入教研一线，参与用户的教研、科研和管理等工作，无论是服务的广度还是深度，以及服务方式和方法都发生了巨大的改变。馆员的岗位职责和角色也随之发生了变化。相应地，这些变化对学科服务的组织机制建设也提出了迫切的改变要求。

嵌入式学科服务的组织机制建设应该包括建立学科馆员工作制度、分工负责机制、工作规范机制、人员培训机制、工作流程机制、绩效考核机制、政策保障机制七个方面的内容。具体内容包括：为了确保嵌入式学科服务的运行，应当建立学科服务团队工作制度；为了确保嵌入式学科服务的责任到位，应当建立学科服务团队人员分工机制；为了确保嵌入式学科服务的要求到位，应当建立学科服务的工作流程；为了确保嵌入式学科服务的能力满足需求，应当建立学科服务人员培训机制；为了确保嵌入式学科服务的工作规范一致，应当建立学科服务工作规范机制；为了确保嵌入式学科服务的落实到位，应当建立学科服务绩效考核机制；为了确保嵌入式学科服务的政策符合要求，应当建立学科服务政策保障机制。高校图书馆嵌入式学科服务组织机制示意图如图 5.1 所示。

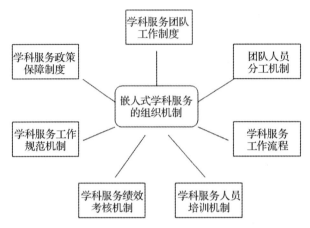

图 5.1　高校图书馆嵌入式学科服务组织机制示意图

一、确保嵌入式学科服务的运行，建立学科服务团队工作制度

全世界开展学科服务的图书馆，一般情况下把学科服务的岗位设置分为两种类型：兼职和专职。规模比较小的图书馆通常为兼职式服务方式，图书馆各业务部门的馆员兼任学科馆员，有利于学科服务的协调配合，但学科馆员的时间和精力是有限的，在工作中容易产生顾此失彼的现象，嵌入式学科服务难以进一步开展。大型高校图书馆通常采用建立专职学科服务团队的模式，与兼职学科服务团队的模式相比，这种模式能在制度上确保学科服务人员全力以赴、一心一意地投入学科服务工作，深入开展个性鲜明、知识多元、层次分明的嵌入式学科服务。

建立专职学科服务团队，保障嵌入式学科服务的人力资源到位。建立高素质的专职学科服务团队是实施学科服务团队制度的基础。首先，嵌入式学科服务工作对学科服务人员的综合素质有一定的要求，需要一定的创新能力以及主观能动性，以提高服务的效果。其次，嵌入式学科服务要求学科服务人员投入大量时间和精力与用户沟通交流，联系用户、组织用户、策划服务、组织服务、解决用户问题。随着用户的不断使用，学科服务人员也需要不断地融入用户及其科研活动的过程中,这是兼职学科服务人员难以胜任的。因此,图书馆应该改革现有的体制机制,包括学科馆员人才队伍建设机制和管理机制:一方面,可以从现有馆员中选拔具有学科专业背景和丰富服务经验的人员向学科馆员岗位迁移;另一方面,可以招聘具有学科专业背景的高层次专业人员,组建高素质的专职学科馆员服务团队。同时,学科服务人员岗位的设置,可以以专业学科、院系、服务单元数量等为基础,以与学科发展相对应的知识结构配置为辅,除了按照责任分工外,还可以根据特定的项目、任务变换组合,形成特定的领域协作、能力协作、区域协作等团队工作模式。

建立学科服务馆员助理制度,形成密切协同的用户组织机制。学科服务团队成员可以在用户中寻找协作与配合,借助用户能量解决用户需求,通过挖掘用户中技术能手、工具达人等,培养用户中的兼职学科馆员或学科馆员助理的方式,来促进用户协同工作。与用户协同合作,不仅能适时地满足工作的需要,弥补学科服务馆员人员能力的不足,也有利于促进用户之间的交流与协作,更好地实现嵌入式学科服务的目标。可以推选1~2名图书馆和科研团队的信息专员,对推荐的团队成员进行文献检索、获取、利用、评价、管理技能等能力的短期培训,培训结束后,授予图书馆信息专员聘书。在工作过程中,图书馆实时获悉信息专员工作进展,及时为信息专员解答服务中的疑难。此种嵌入式学科服务模式使信息专员成为科研团队和图书馆的桥梁和枢纽,既充分发挥信息专员的学科专业背景优势,又运用了图书馆的各项资源、服务、技能,得到科研团队的充分肯定。采取此制度,可以将较为活跃、有技术能力的用户培养成兼职学科服务馆员或者学科服务馆员的助手,不仅可以补充学科服务团队在人员和能力上的不足,而且可以更好地落实学科服务。

二、确保嵌入式学科服务的责任到位,建立学科服务团队人员分工负责机制

在学科服务的过程中,建立严格的分工负责制度,可以确保服务的质量和效果。在这一制度下,需要每个服务单元、每个服务环节均有专人负责,并承担责任,做到各司其职。建立学科服务团队人员分工负责机制,要按照

学科服务人员的岗位分配任务，明确权利，责任到人，合理利用资源，提高资源利用率。为了向各个研究所配备责任学科馆员，可以在研究所的最前线建立嵌入式的学科馆员制度，负责对用户的需求进行分析并培训用户、合理的分配信息资源、保障信息的获取、建设信息服务平台，提供信息咨询服务，以及有关研究课题的深入服务。这种模式的中心结构是用户，责任机制要求学科服务为用户效果负责，此机制确保了图书馆提供的服务是建立在用户需要上的，保证了图书馆服务的有效性与高效性。

三、确保嵌入式学科服务的要求到位，建立学科服务工作规范机制

"没有规矩不成方圆"，为了规范学科服务团队人员个人工作行为，保障学科服务团队整体工作水平，需要图书馆在学科服务的尝试中，统一工作标准，按规范化的工作流程开展嵌入式学科服务，确保学科服务的目标能够实现。这些工作规范使得学科服务更加有序高效。需要注意的是，随着学科服务的实践与发展，工作规范不是始终不变的，应当对这些工作规范及时更改和修订，使服务能够适应新的变化和新的要求，不断提高服务的效果和水平。

四、确保嵌入式学科服务的服务能力，建立人员培训机制

嵌入式学科服务对学科服务团队人员的文化素养要求比较高，促使学科服务团队人员不断提高知识储备。与用户的关系更加复杂，促使学科服务团队人员努力提高沟通交流能力和技巧。为了培养和提高团队人员的专业服务水平，以及学科服务团队的专业服务能力，确保服务的业务水平和服务效果，应当建立学科服务人员培训机制。

（一）新学科服务团队人员选拔培训机制

1. 实行聘用选拔机制

在新学科服务馆员聘用的选拔中，应对学科馆员的综合素质有一定的要求，不仅需要考察学历、知识及技术水平，也要关注求职者的潜能，价值观和人格品质是否满足学科服务的需求，从多个方面筛选具备服务能力和水平的新学科馆员。

2. 实行岗前培训机制

在新学科馆员上岗之前,要进行一定的岗前培训,在原有综合素质的基础上,着重培养综合业务能力,经过"轮岗培训"和"带岗实习"两个阶段,培养新学科馆员的综合业务水平。轮岗培训,主要方式是在主要业务部门进行轮岗培训,目的是提高新学科馆员对高校图书馆新型服务模式及流程的掌握程度。带岗实习,委派富有丰富工作经历的高水平的研究馆员或副研究馆员到工作现场带领新馆员开展学习和实习工作,在实习期间,对他们进行业务培训和指导,根据不同的岗位,提出不同的工作岗位要求,上岗前通过学习充实自己的知识水平,提高新学科馆员的岗位工作能力。

3. 实行试用期满考核机制

对实习的馆员,在试用期结束后,进行试用期考核,主要是针对实习馆员的综合素质及其发展潜力进行考察,经考核合格者上岗工作。考核不仅对试用者的工作服务能力进行考核,而且在考核学科服务潜力时,要以综合素质评价为参考,包括政治素养、纪律意识、业务水平、团队协作能力、学习创新意识等方面,进行全面考核。

(二)建立学科服务团队能力培养机制

学科服务团队人员在掌握了专业的学科服务知识之外,同时也要掌握各种工具使用技能以及信息技术。要求学科服务馆员及时掌握新资源、使用新工具、掌握新技术、应用新方法,以适应环境的变化和信息时代的发展。除了强化培训外,还要集中开展关于资源利用、学科服务、工具使用以及各种政策、规范、流程的培训。为了使学科服务团队有完善的组织结构,并且有一定的团队能力作为支撑,必须通过参加项目、完成工作、服务竞赛、学术交流、方法研讨等方式,将学科馆员的基础能力与个人能力相结合,进一步提高学科馆员的能力。通过建设学科服务特色能力,促进学科服务人员的工作进步以及提高学科服务团队的凝聚能力,共同高效发展。

五、确保嵌入式学科服务的工作统一协调,建立学科服务工作流程机制

学科服务需要多层次、全方位的合作,以资源利用、技术合作为基础。

为了得到不同类型用户的响应和配合协同，需要图书馆构建一种全新的协同工作机制来辅助学科服务，兼顾各部分人员的利益，包括学科服务团队内部，以及各部门、各层级图书馆以及用户的利益，明确各角色之间的协作关系，达到资源共同利用，利益双赢的目的。图书馆可以采取与各层次分工协作的协同工作机制，既使团队的协作能力得到提高，又确保了嵌入式学科服务顺利实施。通过建立内部协作机制，使学科服务人员的工作，可以得到整个学科馆员团队的有力支持，实现了学科服务机制的内部融合；通过建立工作流程，使全体学科服务工作人员的步调一致，与各有关方面形成学科服务整体合力，提高协同服务的效率。高校图书馆嵌入式学科服务协同合作工作机制示意图如图 5.2 所示。

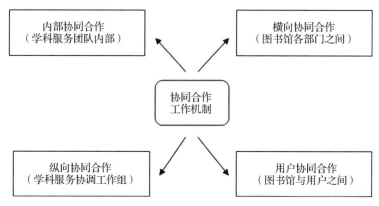

图 5.2　高校图书馆嵌入式学科服务协同合作工作机制示意图

六、确保嵌入式学科服务的落实到位，建立学科服务绩效考核机制

为了考察嵌入式学科服务目标及任务的完成程度，确保学科服务落实到位，绩效考核是嵌入式学科服务的重要组成部分。学科服务绩效考核通常包括两部分内容：对学科馆员个人绩效的评价考核机制及对学科服务团队整体质量的评价机制。

（一）学科馆员个人绩效的评价考核机制

对于馆员的考核机制，在实际运用中要面对许多问题与障碍。学科馆员所负责的任务单元数量、专业类别、难度大小、规模程度可能各不相同，用户需求的复杂程度不同，合作的基础不同，协作的效果可能差强人意，导致常规服务、创新工作、研究成果、素质能力提高的情况不尽相同，绩效考核应当从多个角度考察，综合考虑，除此之外，也应当契合图书馆的实际情况。在考核之外，应当配合鼓励，在成员基本的薪水之外，采取资源投入、研究深造、奖金发放、补偿式福利等多种方式激励学科馆员。

（二）学科服务整体质量的评价机制

如前文中所提及的那样，学科服务是一种以资源、用户为基础的，多层次、全方位的协同合作，用户体验到的服务由包括学科馆员个人提供的交流与服务和图书馆各级分工的服务组成。在评价机制中，用户也有举足轻重的作用，图书馆可以尝试在对学科服务团队建立评价机制外，也建立对学科服务团队整体的质量评价机制，评价应当根据实际效果，以用户为主体，兼以学科服务馆员的自我评价、相互评价，以及学科团队、各级分工领导监察测评，最后进行综合的分析总结。学科服务整体的质量评价机制有助于推动学科服务的发展与完善，使学科服务团队根据用户的要求，不断地改善，促进图书馆各个部门对学科服务的支持，确保图书馆不断提供质量高、效果好、用户满意的学科服务。

七、确保嵌入式学科服务的政策符合要求，建立学科服务政策保障机制

在学科发展的过程中，学科服务本身也在不断变化，最初，学科服务工作的重点内容是服务创新和技术创新，如今已逐步转变为政策创新、机制创新和业务结构的重新布局，为了适应嵌入式学科服务全新的模式与要求，应对人力资源政策、资源保障政策、各单元协同工作机制和图书馆业务结构布局等方面有更深刻的探索，通过改善人力投入、资源分配等方式，加大对学科服务的政策扶持力度，调动各部门协同合作的积极性，确保学科服务的持续、健康、高效发展。

第二节 嵌入式学科服务的管理与评价

嵌入式学科服务是新的时代发展形势下的信息服务模式，如今是信息时代，技术瞬息万变，在环境变化的过程中也产生了许多新问题。因此，为了保障嵌入式学科服务的发展，需要引入科学的管理理念，建立高效的管理机制。

一、嵌入式学科服务目标管理与过程控制

自 20 世纪 80 年代以来，目标管理受到了国内外的广泛重视，作为一种创新的管理理念，国内外对目标管理的定义和方法千差万别，但实质都是以总体目标为基础，把确定和实现目标作为中心，实施有效管理，开展管理活动。为了满足用户的要求，嵌入式学科服务应当从多个角度对用户需求进行拆解划分，形成多项服务目标任务，嵌入式学科服务的科学管理活动应当以多项服务目标服务为中心，使目标管理更加科学有效，在规范和效率两方面得以提高。

（一）目标管理的基本含义

目标管理（Management by Objective，MBO），由彼得·德鲁克（Peter Drucker）于 1954 年在其所著的《管理实践》书中最早提出，并首先在企业界实施。工作与目标的关系，并不是工作是目标的基础，而是根据目标，对其进行分解，确定每个人的工作，把集体的任务转化为各个单元的工作。图书馆考察者根据小目标的完成效果对各部分进行考核、评价和奖罚。目标管理又称为成果管理，它强调："凡是工作状况和成果直接地、严重地影响着组织的生存和繁荣发展的地方，目标管理是必需的，而且希望所能取得的成就必须自企业目标的完成，他的成果必须用他对企业的成就有多大贡献来衡量。"

目标管理的导向是目标，中心是用户，兼以成果为标志，要组织各部门和馆员积极协同配合，提高集体和个人业务水平，收获良好的业绩。当组织成员获得了资源配置和授权后，采取上下级共同制定各自分目标的方法，促使分目标的尽快实现，通过工作中的"自我控制"，确保各级目标的实现，提高整体组织的业务水平。

（二）目标管理的特点

1. 共同参与

目标管理作为一种管理制度，是需要大家共同参与和维持的，同时，它

也是民主的，通过这种制度，把用户的需求与组织目标结合起来，形成共同目标，充分发挥组织成员的主观能动性，从实现小目标开始，进而实现组织目标。在目标管理之下，组织中的上下级关系是平等的、各部门领导与馆员相互协作，下级在明确责任与权利后，自行与各方面协同开展工作。

2. 自我控制

目标管理将组织总体目标不断拆解细化，转换为组织成员的分目标。在目标拆解的过程中，组织的每个成员的责任与权利都十分明确，相互照应协作。各级目标相互关联，在工作上形成配合与连接，用力一致，使目标体系得到统一。在每个馆员和部门分目标实现后，组织总体目标才能得以实现。自我控制的目的在于控制组织成员的动机，在管理中，不再一味地使用压迫式管理，转而采用自我管理的方式，在自我管理的过程中，促使组织成员尽快完成分任务。

3. 成果导向

最终成果对于目标管理而言是最为重要的，组织目标的实现，是每个成员的工作成效之和，因此，每个人的工作都是目标实现的关键。目标管理应注重馆员所取得的实际成果以及服务效果，不按照馆员的行为或日常工作评价，服务的业绩与成果才是考核的重要标准和奖惩的依据。制定目标和完成目标，是目标管理的始与终，以目标成果作为组织成员业绩考核的重要标准，对于嵌入式学科服务的发展有重要意义，同时对于提高组织成员工作激情、促进各部门之间的协作、总结工作经验并深度改进工作、推动组织目标持续健康地发展具有重要的意义。

（三）嵌入式学科服务目标管理内容

嵌入式学科服务目标管理在学科服务中运用了目标管理理论方法，以图书馆学科服务的总体组织目标为核心，以图书馆学科服务总体目标为中心，在把学科服务任务转化为服务目标的同时，也将图书馆发展规划、总体服务目标融合在其中。通过制定目标，提高馆员的服务动力，为工作指导服务方向，确定目标后，应当分解服务目标，让各部门、学科馆员有各自的小目标。为了保障服务工作的自我控制模式的顺利进行，要将考核考察落实到位，团结图书馆内外协调合作，自觉完成工作任务，保障学科服务的效率并确保目标完成。

嵌入式学科服务目标体系、目标管理与考评系统、目标管理保障系统三部分系统，共同组成了学科服务目标管理系统。

1. 嵌入式学科服务目标体系

学科服务总目标与服务分目标构成了嵌入式学科服务的目标体系。根据不同的标准进行划分，可以根据任务的时间、类别、内容等多种方式划分，在此基础上，构成嵌入式学科服务的目标体系。第一，根据任务时间划分，要求按照任务的进度不断落实，体现了目标任务的要求应随时间不断变化的特点，包括长期、中期、短期目标等。在图书馆的发展过程中，学科服务目标的变化往往会得以体现。第二，依据任务级别划分，包括部门目标和岗位目标。部门目标的形成，是学科服务团队或图书馆以战略目标为基础，分解并归类总体目标，化总体目标为具体的、分工明确的任务和要求；岗位目标是将分配至部门或小团队的目标进行进一步的处理，变成每个岗位的工作任务，与此同时，制订相应的计划、方法和期限。在部门目标和岗位目标的基础上，还可以尝试让学科馆员制订个人工作计划，并定期自我考核，这将使学科服务目标任务的完成更加迅速。第三，依据任务内容划分，即主要划分嵌入式学科服务的内容，通过完成各个服务类型的目标进而达到整体目标的完成。各种各样的服务目标组成了学科服务的总体目标，用户的要求是不断变化的，信息技术也在不断发展，为了实现学科服务总体目标，嵌入式学科服务的目标任务应当符合发展的规律与需求，不断增补、完善学科服务目标体系的内容，为用户提供更好的服务。

2. 目标管理与考评系统

为了监督目标的进度，切实完成服务目标，应当根据目标的具体内容，实行目标管理考评系统。考评系统主要由三个方面内容组成。第一，目标考评标准体系，其核心内容是细化考核内容，在考评项目划分、计分方法等方面，把目标划分为多个具体的任务和可以考核的数值指标，包括任务的数量与完成度，任务的质量，任务的完成时限等。第二，目标考评方法体系，为了实现科学的目标考评，并使其具有可操作性，应当建立目标考评方法体系。第三，目标考评制度体系，如考评程序、权责划分、奖惩办法等。

3. 目标管理保障系统

目标管理保障系统由资源分配、信息利用和协调控制组成，能够确保目标任务的实现，是保障工作落实的重要措施，包括以下四个方面内容：第一，目标责权系统。分级管一，职位不同，目标管理责权不同。第二，目标管理信息系统。利用目标管理信息系统，根据信息的属性，如内容，类别，收集渠道等，对如何处理、储存、使用信息做出决定。第三，目标协同系统。对于人员，资源变化采取应变措施，及时调整目标计划，协调工作。第四，目标管理方法系统。在决策施行前，包括目标决策论证和展开方法，在具体实施过程中，又包括组织协调控制方法，以上方法的总称即为目标管理方法系统，其目的是为了确保目标管理顺利进行。目标管理系统的三个部分，嵌入式学科服务目标体系、目标管理与考评系统、目标管理保障系统连接为一个整体，共同保障了嵌入式学科服务的发展。

（四）嵌入式学科服务目标管理实施步骤

嵌入式学科服务目标管理通过有计划地组织活动，围绕图书馆服务与建设目标。共分为三个步骤，设定学科服务的目标，具体实施学科服务以及对目标进行考核评估。

1. 制定学科服务目标

（1）在调研的基础上，制定总体目标。开展学科服务的前提是，确立嵌入式学科化服务的总体目标，图书馆的学科服务作为工作任务的重要组成部分，应反映参与学科服务各部门馆员的共同意愿与目标，也要成为领导层的分配任务资源的基础，在确定学科服务发展的目标时，要以学科服务人员以及用户的需求、意愿为前提，组织工作团队分析所面临的情况，充分认识形势，预测发展的趋势，凭借研讨的结果，确定学科服务发展的总目标。

（2）实行定责授权，建立组织机制。每一个小的目标，都应该由专人负责处理，在目标划分的基础上，明确各部门以及学科馆员需要承担的任务目标以及各部分之间的关系。为了实现这个规划，在总体目标确定之后，需要重新规划并建立能够最大限度契合目标的组织结构和机制。在此过程中，应当注重责任与权力结合的原则，继而建立相应的机构和团队，以及与组织结构相吻合的目标体系，使组织结构中的每一部分都有明确的目标，充分落实每个人员的任务与责任，注意部门之间、馆员之间的配合，确保目标实现。

（3）进行目标分解，落实任务目标。为了使图书馆的服务目标更具有可行性，图书馆的总体目标是宏观的，在短时间内没有十分具体的实行计划，要对学科服务的目标内容进行一定的分解，把总体目标细化，在任务中体现时间节点、任务分配、资源分配等要素，落实到具体的部门或者馆员上，充分发挥主观能动性，确保任务计划的按时进行。承担分配任务，划分目标的职能部门，要在理解图书馆的长远规划与安排的基础上，确定分目标，各部门下属的相关服务人员，也要根据分目标制定个人规划或者年度目标，使得自下而上、从小到大的目标能一个不差地逐个推进，不断落实，为总体目标实现奠定基础。

（4）设立目标难易度，确保实现目标。目标要具有一定的挑战性，以确保各个目标可以更好地实现，在目标制定的时候，应当就要考虑到。首先，目标是可以实现的，全面考虑遇到的困难与问题，以及图书馆的实际情况，确保大部分的学科馆员可以完成，不能盲目地追求理想和过于远大的目标；其次，要具有一定的难度，即有挑战性，需要学科馆员付出努力，在过程中不断提高自身能力，寻找更好的工作方法，这将有助于整体的提高；最后，目标要有一定的时间规划，让每个学科馆员具有一定的紧迫感，在规定的时间内积极主动地完成任务。制定正确且适合的任务，将有助于学科服务目标的具体实施。

2. 学科服务目标的实施

嵌入式学科服务目标制定之后，可以实行相应的服务目标办法，使目标能够顺利落实。

在目标任务实现的过程中，图书馆应注重各个部门与馆员之间的协调合作，实行目标管理，激发工作人员的主观能动性，管理部门需要时刻关注目标任务的完成情况，在需要时提供一定的支持，确保工作的完成，并定期检查目标的进行程度，或者进行抽查，开展交流活动，整体协调工作的进展，并做出相应的调整。

信息及时反馈更新，保证信息的时效性，进而保证有效的控制。在嵌入式学科服务管理的过程中，不仅是自我控制的过程要根据信息的变化做出相应的调整，而且各主管部门的逐级控制也要依靠信息做出调整，因此，真实有效的信息在一定的程度上可以控制任务的进程，综上所述，获取可靠信息，建立牢靠的信息收集反馈制度是重中之重。信息反馈收集的方式多种多样，不拘泥于其中一种，比如采取工作报表的形式，在一定的工作阶段结束后及时完成汇报，同时根据学科馆员的短期工作总结，监察阶段任务的完成情况，保证信息的可靠性，并据此及时调整工作的计划，为下一阶段学科服务任务的进行奠定基础。

充分调动学科馆员主观能动性，对其进行适当引导，图书馆的部门领导以及组织团体主管除了必要的监督与考核外，对学科馆员进行一定的指引与帮助也是必要的，这又区别于各部分之间的协同合作，是针对学科馆员个人能力的指导，为实现他们的个人职业理想以及完成分目标提供帮助，通过提供物质和精神两方面的支持，帮助学科馆员树立信心，在增进上下级关系的同时，又使集体更具有凝聚力，一致向前，推动集体进步。帮助学科馆员的过程，同时也是掌握真实情况，了解信息的机会。与馆员充分交流，将对于调整各部门关系、调整整体决策具有关键的推动作用，进一步确保了总体目标的实现。

3. 目标考核与评估

在学科服务目标管理的环节中，考核与评估是必不可少的，考核过程中，应当有详细的评价标准，采取科学有效的方法，以事实为根据和基础，做到"陟罚臧否，不宜异同"，来监督和检查学科服务目标的完成度以及服务效果，当效果达到一定要求时，适当提高总体目标，推动整体向更高的层面发展，建立更加完善的学科服务目标体系。

注重组织的带头模范作用以及对馆员的思想的引领，对于学科服务任务，应有更加深刻的认识，强调学科服务在图书馆服务发展进程中的重要性，提高馆员对目标考评的重视程度，可以建立考评小组等，考评小组要制定考核的标准，并决定以什么方式考核，及时做好考核记录，作为日后进行工作总结和评分的依据，最后得出评价结果，实现公正民主的管理。通过提高馆员的思想认知的境界和采取这样的管理方式来推动学科服务，可以避免个人对组织集体或任务目标存在偏见的情况发生。

　　考核标准是评价目标成果的基础，为了更好地落实学科服务考评工作，应当制定合理的考核标准，考核标准是否合理、是否符合图书馆实际情况，对考核工作起到了决定性作用。在制定标准时，应充分考虑图书馆的服务总目标和分目标，要求考核标准的内容与目标体系做到协调统一，有与目标任务一致的时间节点，在评价的时候考虑全面，细则明确。考评的方式要尽可能简约，有利于考评的记录与分析，根据时间节点将不同时间段的评价归于阶段性的任务下，可以形成鲜明的对比，得到的考核结果会更加准确有效。

　　在综合评价的过程中，应当注意评价的方法，要将考核全面进行，必须要周全考虑，基于目标考评方法的局限性，要在以考评标准为主要依据的基础上，同时参考目标任务之外的工作，对于临时任务，计划外的工作能否同样有效率地完成。嵌入式学科服务由于用户要求的多样个性化，服务也应当做出相应的改变，这就为量化造成了一定的困难，作为一种创新的服务模式，在考评标准合理确定的基础上，为了对全部的工作内容做出合理的评价，在考核时不能仅仅使用一种方法，要对各种方法综合运用，在做出最终评价前，结合各级的评价、自我评价和团体评价以及学科服务后用户的反馈，尽可能量化考核标准，对馆员的总工作有一个中肯的评价，可以保证考评的有效性，进一步激励官员的积极性。

　　在进行考核之后，要根据结果进行奖惩，奖惩制度是考核制度中不可忽视的重要环节，对于激发馆员的主观能动性和积极性有重要的作用，能够有效地鼓励先进优秀的馆员，促进落后的馆员积极上进。"陟罚臧否，不宜异同"，奖惩制度应当有与评价体系相应的预案，并按照预案对团队和学科馆员实施奖罚。实施过程中，应注意以奖励为主，奖励与惩罚都坚决兑现，只有做到言出必行，才能取信于民，保证有效的管理，达到奖惩的目的。有效的奖惩，不仅有助于团体和馆员的发展，也有利于下一步目标管理的进行，也有助于下一个阶段的目标实现，保证目标管理的持续上升发展。

（五）嵌入式学科服务知识管理平台

　　学科服务团队工作平台的建设工作，为学科服务管理提供了支持，使学科服务的过程更加透明化，能够进行有效的监控。为此，学科服务人员工作平台建立了学科服务数据库，对学科服务人员服务工作的各个方面的信息，例如计划、发展方案、资源利用等进行整合，这项工作能够促进学科服务人员间的沟通与进步，提高学科服务团队人员的工作积极性。

1. 学科服务人员工作平台的功能作用

知识服务管理信息系统的建设力图担负起基础性、平台性、机制性的作用，成为引导、约束、支撑学科馆员合作交流、团队协同的重要平台。不要仅仅把它当成一个学科化服务成果的保存库、展示交流平台，更要把它打造成学科馆员协同攻克服务的难题，激发创新灵感的孵化器。

学科服务工作平台可以提供学科服务人员的工作信息，包括计划、完成度、效益等，具体内容主要有线下工作的详细进展，服务人员与用户的交流情况，同时，平台也是一个提供服务的场所，是学科服务人员在工作过程中重要的知识管理工具，学科服务人员可以在平台上记录自己的工作进程和感悟，及时对自己的工作作出分析和总结，对客户的了解程度，在实践过程中总结出的经验和窍门，都可以以小片段的方式，记录在平台上，相当于一个小的社交平台，只不过更具有学术性和工作性，可以让更多的成员通过这个平台获得灵感，有所收获。

学科服务团队的建设，应当以此为基础，扩大平台的影响力，借此平台展示团队的风貌，包括取得的成果、工作的进展、团队的技术创新等，可以帮助馆员，各部门之间打破技术的隔阂，丰富工作的模式，为互相学习提供了通道。在接下来的发展中，工作平台可以扮演方向指路人的角色，引导嵌入式学科服务发展和学科馆员自我提升的方向，是整个学科服务过程中强有力的工具。最终，将拥有一个成熟的学科服务管理流程，包含清晰的信息流、数据流、过程组织、文档组织等，而不再是一个笼统的"管理需求"。

2. 知识服务管理信息系统内容建设

信息系统的内容建设由三个部分组成，分别为资源组织、内容建设和质量控制，它们是知识服务管理信息系统的基础，只有做好内容建设，才能客观全面地反映出学科服务目标的实现过程。

（1）资源组织。系统采用分层的资源结构管理资源，将主题与实际相结合，可以侧面展现学科馆员的服务效果。信息系统的资源组织主要有如下三个层次：一是按照服务或产品类型组织。由研究团体、课题研讨组或用户提供的关于学科发展趋势、竞争力的专题报告、学科信息监测的专报、图书馆报告、资源利用分配分析记录、培训与服务的感受与收获、用户的反馈与建议、数据库的政策及其使用记录等。二是按照研究所组织。三是按学科馆员组织。将学科馆员分类划分，可以使查找学科馆员的服务成果更加轻松，了解服务效果。在结构的构造过程中，将三种方式交叉使用，虽然有所不同，但实际存在着一定的内在联系，不仅完善了信息系统的内容，也有助于管理层了解学科服务的具体进展。

（2）内容建设。知识服务管理信息系统内容建设主要由责任学科服务馆员对研究团体、课题研讨组或用户提供的关于学科发展趋势、竞争力的专题报告、学科信息监测的专报、图书馆报告、资源利用分配分析记录、培训与服务的感受与收获、用户的反馈与建议、数据库的政策及其使用记录等，并且自动保存，在接下来的几天内，及时向上反馈，确保管理层实时掌握学科馆员的服务动态，对于以前的服务总结由专员负责，集中统一上传。在此基础上，形成系统的制度，改善了分布式资源提交较为分散的现状，更好地控制了元数据的质量。

（3）质量控制。知识服务管理信息系统能否确切反映嵌入式学科服务的实时进程，取决于质量控制，并且受到元数据质量控制和内容质量控制的影响。一是元数据质量控制。元数据是用以描述有关信息实体特征的结构化编码数据，是用来描述数据的数据，能够实现对实体的标记和评估，并且进行管理，是庞大的信息资源的根基。在分布式的建设方式中，需要元数据作为支撑，学科馆员向信息系统中提交关于服务的信息，并使用元数据对其进行标引，标引的质量将直接决定信息系统的功能的使用效果。元数据质量控制指标应注意：数据的一致性、完整性、唯一性和有效性。二是内容质量控制。要控制不同服务类型下的内容，比如服务汇报、服务效果等，这些可以在一定程度上反映服务的质量。研究报告虽然会因科研人员需求不同而不同，但在完成过程中也尽量在选题、方案设计、信息采集、数据清理、统计分析以及撰写等方面吸收较成熟的经验进行质量控制，资源保障分析是在综合图书馆资源使用情况的基础上，以"十二五"规划中新的导向为核心，在馆内开展文献资源保障分析，根据分析的结果提出规划。学科馆员需要以近一年一篇报告的频率，为领导决策组提供分析报告，除了提交报告，还要进行用户座谈，报道学科馆员和科研人员在工作的过程中发现的问题以及提出的意见和建议，在条件允许的情况下，要将用户的反馈意见也收入在其中，通过对这些内容的学习，将个人的知识结晶扩散到集体中，使得集体在过程中受益，让每个人的知识都能得到传播，使其被更多的人利用，成为提高能力的一个重要途径。质量控制要以规范文档为前提，为了落实对于目标和实践过程的控制，要通过检索的方式，数据库中现已对各种服务类型中的关键词、文章的名称及部分字段等进行了详尽的标注，同时纳入了上传文档的内容类型设置了规范，随着学科服务的不断推进、创新，会增加新的服务类型，届时将对数据库中的文档进行同步更新。质量需要通过对内容的审核，标题对于内容有着重要的总结引导作用，因此在内容审核的时候，应尤为注意标题是否满足服务类型或者规范的要求，然后再对内容的格式进行检查并加以更改。当有会议时，会议报告应当由专员撰写后，交给部门主管及领导层层审核，最终完成报道，当内容需要修改时，学科馆员需要更改文件，然后及时保存更改稿。同时，可以根据学科馆员保存内容的内容、数量和质量实行奖励绩效的制度，提高馆员推动学科服务发展的积极性，不断创新，形成有效控制内容质量的良性循环。

二、嵌入式学科服务的文化建设

组织需要有属于自己的文化，组织中有特色和个性的文化能彰显团队的精神和规矩准则，以及核心的价值观。图书馆文化是内含在馆员的潜意识中，经过长时间的积累和沉淀形成的，存在于图书馆及馆员间的一种文化。这种文化会在工作中，不自觉地传授给新员工，新员工会以此作为处理相关工作问题的思维方式和行为依据。创新的嵌入式学科服务是图书馆在原有文化上发展演变的产物，因此亦有服务文化的共性。它是图书馆持续发展不可或缺的重要组成部分，是图书馆管理的最高境界。

（一）文化基本概念

1. 文化的内涵

对于文化的定义，不同的国度、地域有着不同的理解，这与当地的历史、文化、社会背景有关。不同社会地位、不同历史背景和不同专业领域的学者对文化概念的理解各有不同。1982 年，在墨西哥举行的第二届世界文化政策大会上，联合国教育、科学及文化组织成员国给"文化"下的定义是："文化"在今天应被视为一个社会和社会集团的精神和物质、知识和情感的所有与众不同显著特色的集合总体，除了艺术和文学，它还包括生活方式、人权、价值体系、传统以及信仰。文化是人们在长期的时间过程中形成的并世代相传的共享价值观、伦理道德、行为准则等，以及由此决定的思维方式、行为方式和物质呈现的一个综合价值体系。

2. 嵌入式学科服务文化

图书馆文化需要由学科服务文化构成，它对于图书馆的发展而言至关重要，优秀而丰富的图书馆文化将有助于图书馆的管理。文化作为一种非物质的财富，是难以衡量和积累的，它体现在图书馆的方方面面，影响着图书馆的创新与进步。

嵌入式学科服务文化是在进行学科服务的过程中，体现出的价值观，以及思考问题的方式、行为规范等。馆员的文化品位、文化层次、文化素养、文化个性和审美意识自始至终贯穿于学科服务活动中，其服务理念、服务形象、服务品牌、服务艺术等都折射和传播着图书馆的组织文化。学科馆员多学科知识背景下的多元文化以及奉献、创新、协作、共享等的职业精神将不断给传统图书馆组织文化注入新的内涵，从而形成以学科馆员为核心的图书馆创新文化和学科服务文化。

3. 嵌入式学科服务文化建设的意义

嵌入式学科服务文化是凝练和塑造学科馆员的创新文化，通过树立学科馆员以人为本的服务理念，树立学科馆员服务形象，打造学科馆员服务品牌，倡导学科馆员精神，形成具有鲜明特色的新时期的图书馆组织文化，打造优秀的学科服务团队，塑造图书馆的服务新形象。嵌入式学科服务文化能激发学科馆员的主动性和创造性，使学科服务团队具有凝聚力和向心力。

如今，信息服务环境日新月异，许多信息服务机构异军突起，与图书馆的学科服务展开竞争，只有通过文化建设，才能保障图书馆的竞争力，要在技术层面，服务质量层面不断改进，加强与用户的交流和沟通，明确用户的要求，也要有一定的预测能力，赶在变化前做好准备，提升图书馆的学科服务质量与效果，使图书馆的服务能综合信息、技术、管理等多方面要素，具有一定的文化特色，通过孕育优秀的图书馆文化，使图书馆在各方信息服务机构的冲击下仍然能保持优势，形成有特色的核心竞争力。

现代学科服务管理离不开文化建设，这种文化建设可以被看作一种创新的管理理念，文化的熏陶是在馆员的精神层面，涉及馆员的想法、价值观等，实现"看不见"的管理，并且通过精神方面的影响，带动现实中条例的管理，充分发挥文化的力量，促进图书馆的管理方式进一步完善，使其更加合理。

文化建设是联系人际关系的纽带，可以使相关的馆员在工作活动和价值观上形成一定的共鸣和统一，有效提高团队的素质和凝聚力，使团队之间相互理解、相互帮助，将有助于个人和集体的完善与提高。就个人而言，将会在学科服务的工作中积极主动、勇于创造。就集体而言，将会塑造一个和谐互助的友好氛围，唤起集体馆员的主人翁意识，做到人人心中有集体，与图书馆的利益紧密相连，形成团队凝聚力，具有强烈的集体意识，即可引导团队中的每一分子都积极地为图书馆的发展尽心尽力。

同时，为了树立良好的图书馆形象，文化建设也是必不可少的，图书馆的形象代表了文化底蕴和图书馆的工作业务能力，因此需要对开展的嵌入式学科服务进行文化建设，指引学科馆员建立积极向上的三观，从小做起，端正每个学科馆员的形象，进而形成一个良好的整体形象，促进学科服务在精神层面上不断提升。科学的管理，再加上良好的品牌服务形象，将会影响图书馆的发展和文化建设，图书馆需要加强形象树立的工作，提高学科馆员素质，让图书馆的服务文化成为妇孺皆知的优秀文化。

（二）嵌入式学科服务文化特征

1. 以人为本文化

用户是学科服务的基础，为了图书馆的持续发展，需要满足用户对于信息的了解，因此，嵌入式学科服务应以人为本，围绕用户和学科服务馆员两个重点展开工作，图书馆要满足用户对信息的要求以及用户需要的服务，同时，也要重视学科服务人员的感受，要营造适合组织团体和学科服务馆员个人发展的良好环境，在认真完成图书馆的学科服务等任务的同时，可以实现自己的职业规划和理想，使学科服务馆员在其中获得成就感，感受到肩上的重任，学科服务馆员作为图书馆的重要组成部分和学科服务的主体，决定了学科服务能否顺利进行。因此，要重视学科馆员的职业发展。

2. 用户导向文化

图书馆的核心价值，在信息环境的不断变化中，也逐渐由早先的建设图书馆变为如今的确保用户的信息服务，学科服务要以用户的要求为基础，完善服务模式，坚持保障用户的信息服务，把用户的需求放在第一位，以此为指引，工作的布局也将以用户的需求为框架。用户研究应该包括用户信息环境、行为以及新型服务模式三方面。时代的发展，引起了信息的爆炸式增长，在丰富了信息资源的同时，也为掌握准确有效的信息增加了难度，在这种新的环境下，用户的行为也将相应地发生改变，比如科学研究、获取信息、交流成果等，在这个过程中，需要图书馆提供与时俱进，促进图书馆更新服务功能。在服务模式方面，也需要做出改变，不仅要研究信息环境的变化，也要研究图书馆怎样适应新的服务模式和格局的变化。对于图书馆的研究，应是以用户和馆员为中心、以能够满足时代和用户的需求为目标，确保用户能够获取信息并加以利用，在研究的基础上，构建新的服务模式。

3. 主动服务文化

服务的主动性，是嵌入式学科服务文化与传统文化最明显的区别。传统服务是馆员在图书馆坐等用户上门的被动式服务，而嵌入式是出门进行主动服务，前去用户工作、学习或研究的地方，这种服务表现为学科馆员主动把服务阵地前移到用户环境中，服务的过程也是人员的沟通交流的过程，文化是图书馆服务的范围之一，只有有了知识资源，图书馆的服务工作才会有原动力，它会随着知识资源的丰富而越来越有生机和活力。只有把服务从制度方面进行规范和完善，才能给予文化服务的动力，才能充分发挥图书馆馆员的积极性，提升服务的水平和质量。

4. 服务营销文化

学科服务影响力的扩大，离不开服务营销。嵌入式服务对于图书馆而言，是创新的学科服务，同时对于用户而言，也是陌生的服务模式，学科馆员需要帮助用户了解熟悉新型的学科服务，与用户深入沟通交流，在了解用户需求的同时，推广营销理念，作为图书馆提升学科服务的质量，建立品牌形象的通道。在学科服务营销文化体系中，有以下四个方面组成：形成以用户为中心的理念，为用户服务，让用户满意；形成服务产品意识。对于用户所需求的信息，应当积极主动地在收集后对其进行处理，即归类筛选，使信息符合科研和用户的要求，提高服务的效益；构建用户关系网络，并且通过各种方法，维系用户之间、用户与馆员之间的联系，使用户能及时联想到图书馆；围绕学科服务，综合营销文化，依靠信息技术，对用户形成有力的服务保障。

5. 知识共享文化

建立知识共享文化是学科馆员内部管理的需要，也是学科馆员提升自身竞争力的需要。知识共享可以让个人的知识经验得到交流，当越来越多的人参与到共享中时，知识经验就会被传播得更广，大家可以从中找到适合自己的解决问题的办法，实现提高组织效率的目的。学科服务的主体是知识，同时也充满了对未来的探索，许多的服务经验和方法，在被提出之后，需要不断地实验和交流以验证是否正确有效，而知识共享，既提供了一个上传交流的平台，也为检验提供了机会，可以让知识不断地更新换代，确保其有效性。

6. 持续学习文化

学习是发展必不可少的动力，只有知识不断补充，才能持续地推动学科服务发展。建立学习文化对于嵌入式学科发展具有重要意义。新知识在学科服务的创新过程中不断产生并被应用，学科服务人员应当及时学习并掌握这些知识，以适应学科服务日新月异的发展变化，同时，用户的需求也会随着发展而不断地增加和复杂，这对学科服务人员也提出更高的要求，需要学科馆员发现新的或者改进旧的服务方式和内容，才能提供高质量的服务。坚持学习文化，营造好学乐学的学习氛围，可以鼓励学科馆员通过学习来提高自己的业务水平，有助于学科馆员的技术能力和个人素养以及图书馆学科服务能力的提升。

7. 团队协同文化

协同效应又被叫作增效作用，即两种及以上的成分加和，其产生的效益将超过各部分作用的和，一个团队组织可以使资源得到有效利用，在学科服务的过程中需要学科馆员及用户的相互协作，学科服务团队由各有所长的学科馆员组成，在针对一定用户的需求上具有优势，但这些要求往往是错综交叉的，仅交给个别学科馆员会提高任务的难度。综上所述，学科服务需要协同一切可利用的资源，包括人力资源、信息数据等，增强团队的团队协作能力，使图书馆的学科服务能力得到质的飞跃。

8. 开拓创新文化

嵌入式学科服务，作为随时代发展应运而生的创新式服务，创新对于学科服务的发展有着无可替代的作用。创新是人们在已知知识的基础上，突破思维的壁垒，发现或创造新颖独特的东西，例如新的事物、产品、思想等。若想达到创新的目的，只能突破老旧的思维定式、传统方法和经验。如今的学科服务，需要打破图书馆原有的运作方式，将满足用户的需求糅合在其中，以用户和知识服务为主体，兼顾图书馆本身的发展需求，开发出新的思路和运营方式。学科服务在创新的路上仅仅是开端，还有很长的路要走，发展空间十分广大。图书馆需要持续不断地更新体制与机制，将模式按照实际需要进行调整，为用户提供更高质量的服务，确保学科服务具有长久的生命力与强大的竞争力。

（三）嵌入式学科服务文化体系建设

学科服务文化是一种组织行为，为了营造良好的学科服务文化，需要有效的组织行为，组织行为的目的在于形成具有个性的服务文化思想，再通过组织行为和方方面面的措施加强巩固，最终构建学科服务文化体系，总共包括四个方面。

1. 加强组织领导

做好学科服务文化建设需要领导的高度重视，图书馆需要由馆长或者部门主管亲力亲为，重视学科服务的领导机制，或者成立专门的学科服务领导小组，成员由图书馆核心管理层及部门中层组成。在此基础上，加上学科服务的业务骨干，形成直属领导管理机制，同时可以实现横向业务协同合作，在包括人力物力、技术能力、资源分配等方面得到有效保障。

2. 加强人才建设

学科服务馆员的个人工作能力及素质是影响学科服务效果的重要因素，因此提高学科服务馆员的素质，有利于提高服务文化的形象，渲染服务的文化氛围。学科服务馆员的素质主要包括高尚的职业素质和服务技能教育素质。要向学科馆员不断宣传服务态度和责任的重要性，从多个角度，例如哲学、文学艺术等对学科馆员进行文化熏陶。服务教育的形式应当多样化，以对服务文化进行充分的诠释，做到传播、教学、吸收、落实服务文化，坚持以人为本的核心，坚持用户始终处于第一位的服务理念。学科馆员面对客户时，应当做到可以独自解答各种有关学科服务的咨询问题，同时还应具有有关知识组织、知识服务的能力，对于信息资源、信息技术以及获取信息的工具与平台要熟练掌握，做到掌握并能熟练应用。为了提高自身的素质，应当借助讲座、报告会、宣传报告等机会，不断学习技能，图书馆方面也要借助活动的机会，对学科服务人员进行学科服务的技术技能教学，同时对服务用户的方式方法进行教育，使学科服务人员在获得知识的同时，亦可以提高自身的服务能力，达到提升自身综合素质的目的，保证持续高效的服务能力。

3. 通过制度塑造文化

图书馆的管理需要有效组织，制度建设是必需的，以此为基础才能充分发挥图书馆的职能。同时，制度也是管理的依据，包括管理条例、规章制度、标准守则等。制度建设同时也是一种文化建设，是开展学科服务工作的必要保障条件。

为了建立依靠用户满意度运行的考核评价机制，建设管理和服务皆达到标准的学科服务，保证学科服务中的人力物力资源受到制度的保护和管理，其中有对管理人员的工作要求、服务的准则与要求、资源设备的保护条例等。学科服务的各种活动需要服务规范作为标准和指导，基础的工作和管理、工作的成果、与用户交流和用户所需的信息服务等，都需要规范的管理，考核评价机制将会是评价学科服务是否达到一定水平的一把标尺。

4. 营造良好的文化氛围

（1）弘扬服务精神。即便现在处于信息时代，但是图书馆依旧需要体现服务精神，不仅如此，它也应当是学科服务文化的核心理念，图书馆员需要迅速融入图书馆的文化氛围中，培养自身职业道德修养，对于职业有自己的追求，能够积极主动地学习，提高自身的素质能力，在工作中时刻把用户摆在首要位置，要有勇于和乐于为用户付出的态度，在面对工作中的困难和挑战时不畏惧，时刻牢记与其他馆员协作，努力将学科服务做到更好。

（2）打造服务品牌。图书馆的文化的体现，需要树立学科服务的品牌，包括学科服务的理念、特色、精神等，树立了好的品牌服务后，图书馆的学科服务发展将会进入良性循环，用户认可学科服务后，会提高学科馆员的服务信心，并得到用户的认可，提高图书馆服务的口碑与信誉。

（3）树立学习楷模。楷模具有榜样作用，他们能以优秀的品德、规范的言行、生动的形象感染他人；楷模具有调和作用，企业楷模以自身在企业中的地位和优势，在解决企业内部的各类矛盾、冲突时起着调和作用；楷模有先进的创新意识，对于图书馆的发展产生不可小觑的引导作用。楷模往往代表了进步的文化发展倾向，要发挥自己的榜样作用，影响周围的人，达到带动整体发展与创新的目的。

三、嵌入式学科服务效果评价模型

适宜而有效的绩效评价制度可以确保学科馆员制度的健康运行。若想对学科服务实行切实而规范的管理，评价体系是极为重要的一环，在图书馆的制度管理体系中也有着不可或缺的作用。

（一）嵌入式学科服务效果评价原则

嵌入式学科服务评价的目的是满足用户对于知识信息的需求，随着时代的发展，其需求必将不断增长，评价活动也应当相应地做出改变，并在改变中及时总结，使学科馆员在服务过程中保持进步的激情和动力，由学科馆员的进步带动学科服务效果的日渐提升。据此，服务特色要在服务评价中得到体现，坚持科学的发展思想、坚持以人为本的理念、坚持让用户满意的工作态度、坚持合理简约的工作原则。

1. 科学性与协调性相结合原则

评价学科服务作为对学科服务的监察环节，自身需要科学发展观的指导，评价的指标要科学合理，能够展现出图书馆学科服务的特色，将各种影响因素考虑在内，尽量使学科评价做到周全合理，除此之外，评价的标准应当具有可行性，在制定时就需将其定量，来降低主观的影响，让结果更加客观真实，同时，这也将有助于学科评价的高效进行。

2. 用户满意为主体的评价原则

嵌入式学科服务的主体是用户，学科服务需要得到用户的认可和肯定，并且需要以此为基础。因此，学科服务效果的评价必须重视用户的认知与感受，并着眼于用户的期望，以此测度服务提供者的表现，用户对学科服务效果的评价要得到足够的尊重和重视，要确保用户的评价在学科服务体系中的主体地位。

3. 层次性与可操作性相结合原则

学科服务作为创新的服务模式，对它的认知处于朦胧阶段，并不是十分全面，对于学科服务的实际服务内容没有一个统一的认识，因此，对于学科服务评价指标的设计，要做到简明易懂，与实际情况吻合。在评价服务体系中，需要体现一定的层次性，以达到易于考核的目的，同时，这也将简化考核的过程。图书馆要做到从现实出发，考虑到操作性和信息的获取难易程度，将有对比意义的考核指标纳入其中，最后确立一个容易施行的评价方法。

4. 定性评价和定量评价相结合原则

学科服务在进行到一定阶段后，需要定性评价来对服务的过程和结果进行考察。学科馆员的学科服务是否具有效果，能否让用户满意，与用户是否建立了良好的协作关系，信息的收集与提供是否达到了学科服务的要求，除了定性的评价，还要量化指标，例如与用户交流联系的次数、技术能力培训次数、服务用户次数等。

5. 内部评价和外部评价相结合原则

学科服务的评价不仅需要图书馆内部的评价，即领导、主管部门、学科馆员所共同完成的考核评价以及自我评价，还需要外部评价，主要是相关的学院、研究所的用户的评价。若想得到更为全面客观的评价，必须将两者结合在一起，以保证学科服务评价的全面性与真实性。

6. 客观性与指导性相结合原则

学科服务的评价系统，目的是对学科馆员的行为和工作形成鞭策和引导，朝着学科服务的创新发展方向科学地进步，在评价总结的过程中，反思自己工作的过程，不断地获得启发，同时对比其他馆员，对个人的学科服务能力，业务水平在整体中有一个定位，看到自身的优点和缺点，激发馆员的进步意识，提升自己的能力和水平，综上所述，学科服务评价的定位不仅是对服务现况的评价和总结，更对学科服务未来的发展有一定的战略意义，起到重要的引导作用，为学科馆员和图书馆的创新提供了方向。

（二）嵌入式学科服务效果评价过程

学科服务质量评价需要做到科学和客观，做出正确合理的评价，会进一步推进综合管理水平的提高，进而达到提高总体竞争力的目的。基于学科服务评价本身以及其特点，学科服务要分为三个步骤，包括准备、施行、归纳。每个阶段之间既有区别又相互关联，环环相扣，步步相连。图书馆学科服务的评价工作是复杂的，科学的评价有助于管理的条理明确，在这个过程中，有纪律的组织是必不可少的，需要成立单独的评价小组，制定专门的评价方式，并负责监督方案的具体落实情况。在评价方案中，应当包括以下几点：

1. 评价主体

现在以及未来的图书馆发展，以人为本，以用户为本，是始终坚持的理念，学科服务的评价和水准，都基于用户的反馈情况。

2. 评价内容

嵌入式学科服务作为学科服务发展进程上的新阶段，相关的理论方法体系并未发展完善，有关学科服务的质量问题，近些年国内的图书馆也一直在探索和尝试，亦总结了一些经验。这些评价内容体系，无不体现了以人为本，以用户为中心的思想理念。评价的内容有：第一，服务能力。对能力的要求体现在馆员的自身素质、服务的能力和态度以及最终的效果上，评价者要根据以上对学科馆员的服务能力做出评价。第二，服务内容。学科服务的核心既满足用户的需求，也是学科服务的内容。对于内容的评价，主要从大众服务和个性化服务方面进行。第三，服务方式。不同的服务方式会产生不同的服务效果，因而有了高低之分，好的服务方法不仅让用户乐于理解，便于接受，也可以让自己的服务效率得到提升。第四，服务效果。服务的效果对于用户而言是至关重要的，它将对用户产生或大或小的影响，其作用和效益是评判的重要依据，应在时效性、准确度、权威性、指导效果等方面进行综合评价。

3. 评价方法

如何对嵌入式学科服务的质量进行评价，目前主要有 360 度反馈评价法、模糊综合评价等方法。

|参考文献|

[1] George Por. Knowledge Intelligence Wisdom: Essential Value Chain of the New Economy [EB/OL]. http: //www. co-i-1. com/coil/knowledge-garden/kd/kiwkeynotes. shtml.

[2] Chatham, M. A. , Knowl. Tune lost in infonnation, Report of the NSF Workshop on Research Directions for Digital Libraries [J]. NSF Award, 2003 (6): 15 – 17.

[3] Tian M. The fuzzy comprehensive evaluation of subject librarian's diathesis in university library [J]. International Confrence on Engineering and Business Management (EBM 2011), 2011 (6): 838 – 841.

[4] Yan L. , Zhaoqing University Library. Application of Improved AHP in evaluation of subject blog knowledge service [J]. Information Research, 2014 (1): 7 – 10.

[5] Stebelman S. , Siggins J. Nutty D. , et al. Improving library relations with the faculty and university admin-istrators: the role of the faculty outreach librarian [J]. College & Research Libraries, 1999, 60 (2): 121 – 130.

[6] What's an emheckled librarian? [ER/OL] . [2012-10-05]. http: // emb eddedlibrarian. wonapress. com/2008/04/13/whals-an-embedded-Klibrarian.

[7] Lewis D. W. A strategy for academic libraries in the first quarter of the 21st. century [J] . College & Research Libraries, 2007, 68 (5): 418 – 434.

[8] Kesselman M. A. , Watstein S. B. Creating opportunities: embedded li-

brarians［J］. Journal of Library Ad-ministration.［2012-10-05］. ht-tp：//dx. doi. org/10. 1080/01930820902832538.

［9］Anderson R. The crisis in research librarianship［J］. The Journal of Academic Librarianship，2011（4）：289 - 290.

［10］Kolowich S. Embedded librarians.［EB/OL］.［2012-10-23］. http：//www. insidehighered. com/news/2010/06/09/hopkins.

［11］曹兰平. 从媒介的起源看媒介的属性与功能［J］. 怀化学院学报，2008（3）：59 - 61.

［12］张树华等. 数字时代的图书馆信息服务［M］. 北京：北京图书馆出版社，2005.

［13］沈迪飞. 图书馆信息技术工作［M］. 北京：北京图书馆出版社，2000.

［14］张文秀，朱庆华. 泛在网络下的信息服务［J］. 新世纪图书馆，2008（3）：23 - 26.

［15］顾立平，张晓林. 创建与使用型人——对非正式信息交流行为的实证研究与服务建议［J］. 中国图书馆学报，2010，36（186）：31 - 37.

［16］许儒敬，陶宗宝. 继往开来再铸辉煌：中国科学院文献情报系统发展概述与展望［J］. 中国图书馆学报，2000（1）：80 - 84.

［17］兰建平，苗文斌. 嵌入性理论研究综述［J］. 技术经济，2009（1）：104 - 108.

［18］孙坦，初景利. 图书馆嵌入式学科服务的理论与方法［M］. 北京：科学出版社，2015.

［19］张晓林. 学科馆员 3.0［Z］. 学科馆员服务会议，2012.

［20］中国社会科学院语言研究所词典编辑室. 现代汉语词典［M］. 北京：商务印书馆，1996.

［21］百度百科. 互联网［EB/OL］.［2015-09-09］. http：//baike. baidu. com/view/6825. htm.

［22］世界 32 亿人在使用互联网［J］. 广播电视信息，2015（6）：5 - 6.

［23］苏新宁. 大数据时代数字图书馆面临的机遇和挑战［J］. 中国图书馆学报，2015（6）：4 - 12.

[24] 许春漫．泛在知识环境下知识元的构建与检索［J］．情报理论与实践，2014（2）：107－111．

[25] 张帆，刘新梅．网络产品、信息产品、知识产品和数字产品的特征比较分析［J］．科技管理研究，2007，27（8）：250－253．

[26] 许军林，钟红英．高校图书馆知识产品生产研究［J］．情报理论与实践，2014，37（7）：106－110．

[27] 周爱民．高校图书馆信息技术应用实务［M］．南京：东南大学出版社，2008．

[28] 本刊记者．颠覆传统的4G［J］．现代计算机，2011（1）：30．

[29] 何帆．下一代局域网——WLAN［J］．西铁科技，2006（4）：21－22．

[30] 叶娇．云计算技术在农业信息共享服务中的研究与应用［D］．长春：吉林农业大学博士学位论文，2013．

[31] 王静一．基于云计算技术的数字图书馆云服务平台架构研究［D］．长春：吉林大学博士学位论文，2011．

[32] 周青建．基于移动云的数字图书馆知识服务模式研究［J］．图书馆研究，2013，43（6）：87－90．

[33] 潘林武．高校数字图书馆资源建设中的知识产权问题探析［J］．梧州学院学报，2014（3）：58－61．

[34] 张伟聪．高校图书馆服务工作中的知识产权问题［J］．农业图书情报学刊，2014，26（7）：107－109．

[35] 雒虹，陈斌，高文莉，肖小勃．从新《普通高等学校图书馆规程》颁布看大学图书馆规章制度建设［J］．图书馆杂志，2016（8）：23－28．

[36] 初景利．试论新一代学科馆员的角色定位［J］．图书馆理论与实践，2007（3）：1－3．

[37] 李春旺，李广建．学科馆员制度范式演变及其挑战［J］．中国图书馆学报，2005，3（3）：51－54．

[38] 金朝崇，熊艺．信息管理概论［M］．天津：天津大学出版社，2009．

[39] 吴跃伟，张吉．基于科研用户需求的学科化服务模式与保障机制［J］．图书情报工作，2010，56（1）：23－26．

［40］宋海艳，郭晶，潘卫．面向科研团队的嵌入式学科服务实践探索［J］．图书情报工作，2002（1）：27－30.

［41］周三多，陈传明．管理学［M］．北京：高等教育出版社，2000.

［42］苏俊．卓有成效的目标管理［M］．广州：广东经济出版社，2008：18.

［43］李春旺．学科化服务模式研究［J］．图书情报工作，2006（10）.

［44］毛丽春．对图书馆学科化信息服务模式的分析［J］．黑龙江科技信息，2014（14）.

［45］毕强，朱亚玲．元数据标准及其互操作研究［J］．情报理论与实践，2007（5）：666－670.

［46］李玲．学科发展态势分析的工作流程及质量控制点研究［J］．图书馆理论与实践，2012（3）：8－10.

［47］刘劢．图书馆组织文化评价指标体系优化及其实证分析［J］．图书情报工作，2012，56（3）：43－47.

［48］陆扬，王毅．文化研究导论［M］．上海：复旦大学出版社，2006.

［49］杨刚，陈国生，王志章．现代企业文化理论与实践［M］．西安：西安电子科技大学出版社，2009.

［50］陈永平．论构建学科馆员文化［J］．图书馆，2009（1）：86－88.

［51］钱红．建设和谐的高校图书馆文化［J］．图书馆学研究，2005（7）：31－33.

［52］陈永平．论构建学科馆员文化［J］．图书馆，2009（1）：86－88.

［53］张忠凤．浅议建立有利于内部知识共享的图书馆文化［J］．图书馆论坛，2007（2）：32－34.

［54］初景利．西方图书馆评价理论的评介［J］．中国图书馆学报，1999（3）：53－60.

| 附　录 |

附录1　高校大学生图书馆学科服务调查问卷

亲爱的各位同学：

　　您好，首先十分感谢您抽出宝贵的时间帮助我填写问卷。我是×××的博士研究生，目前正在进行"新媒体环境下高校图书馆嵌入式学科服务"的研究，诚邀您参与问卷调查，问卷调查采用不记名的方式，调查的结果仅用于学术研究，请根据您个人的情况如实填写。您的回答将有助于了解高校大学生对图书馆学科服务的实际需求情况，对您的配合再次表示感谢！

　　学校：＿＿＿＿＿＿＿＿＿＿＿＿□ 专科生 □ 本科生 □ 硕士研究生
□ 博士研究生

　　注：本调查问卷皆为可多选！

1. 在专业学科学习方面，您希望图书馆具备的专业学科知识资料有哪些？

　　A. 暂时不需要（选此项者，2～4 题不用作答）

　　B. 专业学科的学习辅导书

　　C. 与专业学科知识相关的习题集和教辅书

　　D. 本专业学科其他学校教材或该专业学科的教学视频

2. 在专业学科学习过程中，您希望图书馆具备哪些信息资源？

　　A. 开设该专业的学校及其开设的相关专业信息

B. 与本专业相关的其他专业的学科信息

C. 学生对本专业的总体评价信息

D. 社会对本专业的总体评价信息

3. 在专业学科学习上，您希望图书馆提供哪些学科服务？

A. 本专业学习的学前指导服务

B. 本专业学习的学科导向性服务

C. 本专业学习的考前辅导服务

D. 本专业学习的应用性服务

4. 在以上的服务中，您希望通过哪种服务方式？

A. 面谈、座谈会、交流探讨会、会议等服务方式

B. 微信、QQ、飞信等互动式交流服务方式

C. 电话、视频等新媒体交流的服务方式

D. 文献传递的服务方式

5. 在毕业论文（设计）的写作之前，您希望图书馆提供哪些服务？

A. 图书馆数据库的使用培训服务

B. 论文开题前的查新服务

C. 推荐与论文题目相关的信息资源服务

D. 论文写作的总体指导性服务

6. 在毕业论文（设计）的写作过程中，您希望图书馆提供哪些服务？

A. 能够提供与指定主题相关的已发表的论文与著作情况

B. 能够提供与指定主题相关的文献综述情况

C. 能够提供文献查新服务

D. 能够提供研究与统计方法的培训服务

7. 在您参与的科研项目中，您希望图书馆提供哪些服务？

A. 没有参与科研项目（选此项者，第 8 题不用作答）

B. 希望图书馆能够提供与科研项目相关的国内外研究资料情况

C. 希望图书馆能参与项目的查新

D. 希望图书馆馆员能够参与项目调研工作

8. 在您参与的科研项目中，您希望得到图书馆的服务方式有哪些？

A. 提供与项目相关的知识资源平台

B. 提供与项目相关的研究讨论平台

C. 提供文献传递服务方式

D. 提供与项目相关的参考咨询服务

9. 除上述以外，您还希望图书馆提供哪些服务？

A. 暂时没有了

B. 与专业学科相关的最新资讯

C. 与专业学科相关的最新出版发行刊物

D. 娱乐体育等休闲知识

附录2　高校教师图书馆学科服务调查问卷

尊敬的各位老师：

您好，首先十分感谢您抽出宝贵的时间帮助我填写问卷。我是×××的博士研究生，目前正在进行"新媒体环境下高校图书馆嵌入式学科服务"的研究，诚邀您参与问卷调查，问卷调查采用不记名的方式，调查的结果仅用于学术研究，请根据您个人的情况如实填写。您的回答将有助于了解高校教师对图书馆学科服务的实际需求情况，对您的配合再次表示感谢！

学校：＿＿＿＿＿＿＿＿＿＿＿＿＿＿＿

注：本调查问卷皆为可多选！

1. 在专业学科学习方面，您希望图书馆具备的专业学科知识资料有哪些？

A. 暂时不需要（选此项者，2～4 题不用作答）

B. 专业学科的学习辅导书

C. 与专业学科知识相关的习题集和教辅书

D. 本专业学科其他学校教材或该专业学科的教学视频

2. 在专业学科教学过程中，您希望图书馆能够提供哪些信息？

A. 开设该专业学科的专业情况、教师及学校等信息

B. 提供与该专业学科知识相关的其他专业学科信息

C. 学生对本专业的总体评价信息

D. 学生对本专业任课教师的总体评价信息

3. 在专业学科教学上，您希望图书馆提供哪些学科服务？

A. 本专业学科辅助教学服务

B. 参与本专业学科教学服务

C. 本专业学科考核辅助服务

D. 本专业学习的应用性服务

4. 在以上的服务中，您希望通过哪种服务方式？

A. 面谈、座谈会、交流探讨会、会议等服务方式

B. 微信、QQ、飞信等互动式交流服务方式

C. 电话、视频等新媒体交流的服务方式

D. 文献传递的服务方式

5. 在毕业论文（设计）的写作之前，您希望图书馆提供哪些服务？

A. 暂时不需要（选此项者，6～7题不用作答）

B. 图书馆数据库的使用培训服务

C. 论文开题前的查新服务

D. 推荐与论文题目相关的信息资源服务

6. 在毕业论文（设计）的写作过程中，您希望图书馆提供哪些服务？

A. 能够提供与指定主题相关的已发表的论文与著作情况

B. 能够提供与指定主题相关的文献综述情况

C. 能够提供文献查新服务

D. 能够提供研究与统计方法的培训服务

7. 在您参与的科研项目中，您希望图书馆提供哪些服务？

A. 没有参与科研项目（选此项者，第8题不用作答）

B. 希望图书馆能够提供与科研项目相关的国内外研究资料情况

C. 希望图书馆能参与项目的查新

D. 希望图书馆馆员能够参与项目调研工作

8. 在您参与的科研项目中，您希望得到图书馆的服务方式有哪些？

A. 提供与项目相关的知识资源平台

B. 提供与项目相关的研究讨论平台

C. 提供文献传递服务方式

D. 提供与项目相关的参考咨询服务

9. 除上述以外，您还希望图书馆提供哪些服务？

A. 暂时没有

B. 与专业学科相关的最新资讯

C. 与专业学科相关的最新出版发行刊物

D. 娱乐体育等休闲知识

附录3　高校行政管理人员图书馆学科服务调查问卷

尊敬的各位老师：

您好，首先十分感谢您抽出宝贵的时间帮助我填写问卷。我是×××的博士研究生，目前正在进行"新媒体环境下高校图书馆嵌入式学科服务"的研究，诚邀您参与问卷调查，问卷调查采用不记名的方式，调查的结果仅用于学术研究，请根据您个人的情况如实填写。您的回答将有助于了解高校行政管理人员对图书馆学科服务的实际需求情况，对您的配合再次表示感谢！

学校：＿＿＿＿＿＿＿＿＿＿＿＿＿

注：本调查问卷皆为可多选！

1. 日常工作中，您希望图书馆能够提供哪些办公用文献资料？

A. 暂时不需要（选此项者，2～4 题不用作答）

B. 与工作相关的国家最新政策、制度、法规等文件

C. 与工作相关的中国共产党的最新理论、重要讲话、会议精神等资料

D. 与工作相关的某类主题的文献资料

2. 您希望图书馆通过哪种方式提供文献资料服务？

A. 面谈、座谈会、交流探讨会、会议等服务方式

B. 微信、QQ、飞信等互动式交流服务方式

C. 电话、视频等新媒体交流的服务方式

D. 文献传递的服务方式

3. 以下哪些特征是您的文献资料需求时较常见的?

A. 及时

B. 准确

C. 全面

D. 都可以

4. 您希望得到图书馆的服务方式是以下哪一种?

A. 都可以

B. 专人服务

C. 服务团队

D. 成为图书馆服务团队的一员

5. 除了图书馆的传统服务内容外,您还需要图书馆有哪些服务?

A. 参考咨询服务,对所需解决的问题提供期刊、图书、教科书等文献目录

B. 推荐服务,对所需解决的问题提供最新国内外研究资讯

C. 通过移动互联网技术,建立用户与图书馆之间的信息交流与信息反馈平台

D. 沟通协调服务,遇到师生共同存在的新问题,图书馆及时与相关管理部门联系

6. 除上述以外,您还希望图书馆提供哪些服务?

A. 暂时没有

B. 与专业学科相关的最新资讯

C. 与专业学科相关的最新出版发行刊物

D. 娱乐体育等休闲知识